THE HERT
O
SCOTLAND

A PLAY

by

Robert S Silver

First published 1986
by the Saltire Society
This amended and expanded edition
published by Scottish Cultural Press 1995

© R S Silver 1986, 1995

Scottish Cultural Press
PO Box 106
Aberdeen AB9 8ZE
Tel: 01224 583777;   Fax: 01224 575337

British Library Cataloguing in Publication Data
A catalogue record for this book is available from the British Library

ISBN: 1 898218 12 9

The publisher acknowledges subsidy from the Scottish Arts Council
towards the publication of this volume

Printed and bound by
Athenaeum Press, Gateshead, Tyne & Wear

FOREWORD

I have been an enthusiastic advocate for this play since 1982 when Robert Silver first gave me a copy of the typescript. I have been in good company, since the play has been praised by Hugh MacDiarmid, Robert McLellan and Geoffrey Barrow. This is a formidable trio. MacDiarmid, whose poetry and ideas transformed the artistic and intellectual atmosphere of Scotland, was rigorous in his judgements. McLellan was our most successful and prolific dramatist in Scots. Barrow's great book, *Robert Bruce and The Community of The Realm of Scotland* is the outstanding authority on the subject. In other words, the play can claim high poetic, dramatic and historic credentials.

It is a play which deals seriously, imaginatively and passionately with events in the fourteenth century: the War of Independence, Bannockburn and the Declaration of Arbroath, which consolidated Scotland as a nation. The themes are of decisive importance in the history of Scotland, but they are also of universal application. The Declaration, in sonorous medieval Latin, was one of the first assertions anywhere in the world of principles which have resounded through history to this day: the value of freedom from foreign domination; the idea that sovereignty rests not with rulers but with the community as a whole; and the belief that diversity is better than uniformity imposed from without. When Silver wrote the play, between 1948 and 1951, he had in mind a parallel with the recent German invasions and occupations; but it will remain topical as long as the powerful seek to dominate the weak. As I write, the most recent echo of the Declaration is in James Kelman's speech on accepting the Booker Prize, when he spoke about the right of self-determination and the need for "defence against cultural assimilation, in particular an imposed assimilation."

These are great themes and Silver's play responds to them with feeling and intellect. It is written mainly in the Scots which was the native tongue of Angus, where he grew up.

Silver does not attempt to reproduce the Scots (or for that matter the Gaelic, Norman French or English) which the people of the time would have spoken. But even modern Scots has a remarkable capacity to evoke the past, as well as to convey force, warmth and humanity.

I was responsible for the first publication of the play by the Saltire Society in 1986 and I confess that I persuaded Bob Silver to accept a change of title from *The Hert O Scotland* to *The Bruce: Robert I, King of Scots*. I do not think that he has ever quite forgiven me for this. My reason was simple. I wanted to see a production of the play and I thought that would be more likely with a title that was self-explanatory. Various people responded to approaches which we made to them, including Ewan Hooper and Tom Fleming of the Scottish Theatre Company, Tom McGrath, Literary Director at the Royal Lyceum, and Frank Dunlop, then Artistic Director of the Edinburgh International Festival. As *The Bruce*, the play was given a rehearsed reading under McGrath's direction in the Festival of 1991, and in the Festival of the following year a production by the Brunton Theatre, directed by Charles Nowosielski. This was only a beginning. Nowosielski's production, with two Bruces played by Alec Heggie and Paul Samson, was a highly individual interpretation and by no means the last word. Malcolm Rutherford of the *Financial Times* said in his notice at the time:

> It is remarkable to an Englishman that R S Silver's magnificent play, *The Bruce*, should never be performed in full until this week, some 40 years after it was written. To a Scotsman it must be absolutely astonishing.

He was right. The main reason why we badly need a National Theatre is to ensure that plays of this calibre and importance are no longer so shamefully neglected.

In March 1984, Geoffrey Barrow gave an address to the Royal Society of Edinburgh which was subsequently published as a pamphlet by the Saltire Society as *Robert Bruce and The Scottish Identity*.

It ends with these words:

> Despite the prejudice of educationalists and the insincerity of politicians, Bruce continues to live in popular mythology. For all their blemishes, and they were neither small nor few, his personality and career satisfy, and will (I believe) continue to satisfy, a deep yearning, shared by people in Scotland and Scots the world over, for an identity and a history which it seems, to me at least, inhumane, unjust and unwise to deny them.

One of the great merits of Silver's play is that it makes this essential part of our identity and history accessible and memorable. It should be a standard text in every Scottish school, a constant part of our theatre repertoire, and known to everyone in Scotland. That is why this new edition is so welcome.

Paul H Scott
Edinburgh
October 1994

PRINCIPAL CHARACTERS

Robert Bruce, Earl of Carrick, later King of Scots.
John Comyn, Lord of Badenoch
William Lamberton, Bishop of St Andrews.
Robert Wishart, Bishop of Glasgow.
Sir James Douglas.
Sir Thomas Randolph, later Regent of Scotland.
Sir Edward Bruce, eldest of Bruce's brothers.

SECONDARY CHARACTERS

David, Bishop of Moray.
Thomas, brother of Robert Bruce.
Alexander, Dean of Glasgow, brother of Robert Bruce.
Neil, brother of Robert Bruce.
Christina, Lady Seaton, sister of Robert Bruce.
Mary, Lady Campbell, sister of Robert Bruce.
Isabel, Countess of Buchan.
Elizabeth, Countess of Carrick, later the Queen.
Sir David Brechin, a Scottish noble, cousin of the Comyn.
Kirkpatrick, a Scottish noble, follower of Bruce.
Sir Neil Campbell, a Scottish noble, follower of Bruce.
Sir Walter Stewart, Steward of Scotland.
Sir Robert Keith, Marischal of Scotland.
Sir Gilbert Hay, Constable of Scotland.
Edward I, King of England.
Prince of Wales, later Edward II.
Sir Henry de Bohun, an English Knight.
Angus, a servant of the Bishop of Glasgow.
James, a servant of the Bishop of Glasgow.
Neil, a blacksmith.
Jean, his wife.
John, their son.
Brother David, a friar.

Scottish and English nobles, soldiers and commoners.

ACT I

ACT II

ACT III

ACT ONE

SCENE ONE

Outside the Bishop's palace at Glasgow Cathedral, a day in February 1306.

ANGUS: It maun hae been July when guid St Mungo cam here. Gin he'd come i weather like this he widna hae stoppit. O aa the cauld, dreich-like places this is the warst. The wey the wind comes at ye up this hill!

JAMES: Aye it's gey bad. But mind ye Februar's a weary month onywey.

ANGUS: D'ye think this rain's gaun tae stop? Doon i the wuds ower there the Molendinar's roarin fu.

JAMES: I wish I wis tae! Man – I haena been richt fu since wi Wallace we sent Percy's sodgers stoorin doon fae the heid o the Brae yonder. Jis ower there it wis.

ANGUS: I heard about it. I wis up i the Lennox at the time.

JAMES: Mither o God – Eicht year ago that was. An we thocht then another twalmonth wad see us through. An damn near did. Stirling Brig nae lang after that. But then – aa the weary weicht o aye haein three tae ane agin us. An hawf o the big fowk sookin in tae the English. An noo – God kens what's tae come o's. Beaten aawey. Wallace deid. Fowk terrified wi torturin an hunger.

ANGUS: We're no dune yet. The Bishops hae something i their mind.

JAMES: They're three graun men – an true as daith itsel. But they haena got heids for the field. Wha's taken ower there? And wha's gaun tae be King?

ANGUS: There's word o Carrick. They say he's gaun tae gie up his claim tae the throne – for Comyn.

JAMES: A daft-like rumour that. Carrick's the grandest man i the country. Surely tae heaven they dinna think they'll get fowk tae rally by puttin him second tae Comyn.

ANGUS: Some o the big fowk arena ower fond o Carrick. He's
a queer uncertain deil if aa tales are true. Altho' aabody
I've met wha's actually been wi him wull no hear a word
against him. Onywey –

JAMES: Onywey he's the only ane wad be as muckle at hame i
the heather as Wallace was – jist couthy like the rest o's.
Maist o the big fowk are frichtit tae be aff a horse, an maun
hae aa their orders wi them, as if fechtin was something tae
be dune wi great rules o dignity.

ANGUS: Weel there'll no be muckle dignity aboot oor fechtin
for a while yet. It'll be the same auld caper – hide – hide –
hide i the wuds an the heather. An there's aye mair, and
mair o them comin ower the Border tae man the cursed
Castles. But what worries me noo, James, is this new tack
that Langshanks is tryin. Noo he has us weel hammert doon
he's saftenin aff. The garrisons hae orders no tae provoke
us noo. An ower i Ruglen there a fortnicht syne they jailt
ane o their ain men for twa days for killin a farrier that
wadna shoe his horse.

JAMES: It's the velvet glove. First hammer us – noo haud us –
gettin mair gentle – maybe, some day, pet us an buy us – so
that i the end they hae oor souls as ticht grippit as they hae
oor bodies the day. Whatna deil is it possesses them tae dae
it. Breengin an grabbin aa ower the place. France, Ireland,
Wales, Scotland – somebody's got to stop them or they'll
rampage aa ower the world.

ANGUS: Ach – they're a bloody scunner. I wunner hoo lang
it'll be afore we get rid o them.

Curtain

SCENE TWO

*The hall of the Bishop's chambers, Glasgow Cathedral.
The same day. Bishops* MORAY, WISHART *and*

LAMBERTON *are on stage as the curtain rises.*

MORAY: I dinna like it. It's the wrang way round
That Carrick suld step doon for Comyn's sake.
Ye ken as weel as I that by oor law
An ancient custom, Bruce had better richt
Than Baliol at the judgein. Mair nor that
Apart fae richt, Carrick's the truer man
An maist akin tae us.

WISHART: But just because
He is a truer man, he's standin doon.
For Comyn never wad gie ower tae Bruce.
Tae get a unity ane maun gie in
An only he that is mair leal will dae it.
Wi his example aa his side will come
An rally tae the cause o Comyn King
An aa the michty Lords that gie their pooer
Tae Comyn will be wi us tae. An so
Three months fae noo we'll hae an airmy strang
Tae tak the field for final victory.
The day can be the stert. If I can get
Sir David Brechin tae come in wi us
The rest'll follow. He'll be here the day
An I'll put aa that's been agreed tae him.

LAMBERTON: Ye're sure he can be trusted?

WISHART: Aye. He'll see
That Comyn for a King wad suit him weel.

MORAY: Ye're giein in tae what's expedient noo
An maybe live tae rue it bitterly
For Carrick has oor life richt in his hert
An strang an clear as ony man culd hae.
It's like the hand o God that sic a man
Has ony claim tae Kingship. An tae set
Aside that claim is scornin providence.

WISHART: But Bruce himsel determined on this plan
He said we daurna rise withoot the airms
An men that Comyn's lords can bring tae us.

It's ower late noo, David. Aa's arranged
An ye maun bend yer prayers an preachin baith
That it wark weel.

MORAY: I'll preach as aye I have
That Scotland rise an rax for liberty
An for the plan - I'll pray that it wark oot
As God shall will.

Enter ANGUS, *running and excited.*

ANGUS: I'm sorry, yer Lordships, but I had tae come in quick. They're comin up the hill, comin gey fest.

WISHART: English?

ANGUS: Aye my lord. Aboot twenty o them under a Captain. Some of them on horse. They were at the ford when we noticed them.

LAMBERTON: Quick David – ye maun awa. Ye're tae gang tae the Lennox. The Earl's expectin ye.

WISHART: Angus. Tak his Grace o Moray. Gang by the path at the Tomb. Syne keep low doon i the wud warkin roon till ye come oot on the Balornock moors. Seek John Ferrier's thack. Ye'll get a horse there David. Then by the Blane Valley. Keep i the Lennox country an ye're aa richt.

MORAY: I'll be in Inverness in ten days. Never fear. Weel, Angus, thank ye an come on. *(Kneeling)* Your blessing Robert.

ANGUS *kneels also.*

WISHART: *(hand raised in benediction)* God be wi ye, David of Moray an Angus Macdonald, an speed ye safe. *(Drops his hand, and voice changes to urgency.)* Noo haste ye. Awa wi ye Angus.

Exeunt MORAY *and* ANGUS.

LAMBERTON: D'ye think they've got scent o't.

WISHART: Na. No that yet – Praise God they'll send mair than a Captain wi twenty men when they get haud o that. Na – some lesser thing. Mebbe David – mebbe me – mebbe your guidsel, William.

LAMBERTON: Hoo lang, oh Lord, hoo lang. I little thocht

Lang twenty year ago whan oor King deed
An me an earnest Dean, wha socht nae mair
But servin o the Kirk, I'd tak up airms.
An gird my tongue wi care an double sense.
That ower the land that was sae fair an rich
Sic weicht o brute oppression wad bear doon.
Oh God, sic sin sits lourd on Edward's soul
It gars ye pale tae think. Tae come intil
A trustin neebour land – peace for a hunder years
Atween the twa – aa thocht o war forgot
Tae come invited as a freend tae judicate
An then tae snarl o maistership an lowse
A bluidy terror on the land that spared
Nor bairn nor woman – an ilka man that socht
Tae keep his ain caa'd traitor – hanged and drawn
Like Wallace – torn and burnt – aa humankind
Taen frae him – jist the squirmin flesh left sair
Because the spreit wad ne'er gie ower its richt.

WISHART: Wheesht. They're here noo.

> *They look at each other with understanding – and smile –*
> *a bit grimly. The noise of horses and armed men is heard*
> *off stage. Then enter* SIR HENRY DE BOHUN *with his men*
> *at arms.*

DE BOHUN: My Lord of Glasgow?

WISHART: Yes – and his Grace the Bishop of St Andrews.

> LAMBERTON *bows slowly.*

DE BOHUN: Sir Henry de Bohun – Captain in the army of the Most High and Mighty Prince Edward, King of England, and Overlord of Scotland – at present serving in the garrison of Ruglen.

WISHART: And your business with us?

DE BOHUN: It was reported to us that you had visitors – and we seek –

WISHART: *(interrupts)* The spies of the English Army are rightly famed for their accuracy of information. We have, as you see, a visitor – his Grace of St Andrews.

LAMBERTON *again bows gravely. The mocking is obvious but polite and unexceptionable.*

DE BOHUN: *(blustering)* Your robes should not encourage you to mockery – for they will not protect the lawbreaker. Indeed we seek a priest who has so far forgotten his calling as to preach rebellion and treason – David of Moray.

WISHART: *(reprovingly)* Tch, Tch – We have heard it so – and grieve for him.

LAMBERTON: Most grievously.

DE BOHUN: Has he been here?

WISHART: Oh yes.

The SOLDIERS, *alert, move forward.*

Let me see – when was it now? *(to* LAMBERTON*)* which year was it we had our convention – now it was – *(to* DE BOHUN*)* och, anyway years ago.

ENGLISH SERGEANT: They fool with us, sir, to gain time.

DE BOHUN: Search thoroughly – kitchens – gardens – cellars – crypt – chapels – everywhere.

WISHART: And the altar?

DE BOHUN: The altar too.

SOLDIER: Sir, if he should be there – at the altar I mean – and resist there – how shall we take him?

DE BOHUN: A priest who preaches lawbreaking cannot claim sanctuary. But do not kill him. Surround him and carry him out.

Exeunt SOLDIERS.

The King will wish to see the law enforced with all due right.

LAMBERTON: As with Sir William Wallace?

DE BOHUN: *(menacingly hand on sword)* Your voice sounds much too fair on such a name.

Which should rouse naught but loathing in the mind

A rebel and a traitor – murderer.

I doubt your sympathies.

WISHART: *(interposing himself)* These times are past.

And now St Andrews and myself assure

Most solemnly that all we desire
Is but to serve our gracious Master.

DE BOHUN: Then answer me if you know ought of Moray.
You know what he has done – in every town
And village, stirred up discontent. Even now
When we have shown the strength of England's might
King Edward has made settlement and rule
Throughout the land most fittingly, and all
Could be at peace but for this wilful priest
Who preaches that twere just as right to take
To arms against us Christian Englishmen
As fight the heathen Moor. Such calumny
And such perversion of the truth.

WISHART: I fear that Bishop has a most unsubtle mind
Unlike ourselves. He lacks the careful view
And strangely sees the sack of Berwick town
The killing of its women and its bairns
The torture of its men, quite similar
To any heathen massacre, although
The great King Edward has himself made clear
That this was done by his command alone
Only to show beyond all shade of doubt
That he was Overlord of Scotland.

LAMBERTON: Good sir, you need not vex yourself too much
Moray is too extreme. Our solid folk
Know well your power. In any case
I have not seen nor heard of him
Twixt here and Fife.

WISHART: Nor I – nor have your men, if I guess right.
De Bohun's SOLDIERS *return.*

SERGEANT: All the Cathedral servants accounted for, sir. The
whole place searched. No one else found, sir.

WISHART: I'm sory we cannot offer your men ale, Sir Henry.
We have, as you may know, been rather pressed of late. But
yourself? We are, as you will no doubt hear in due course,
to have another visitor. We expect Sir David Brechin here

9

today.

DE BOHUN: No. Thank you. But tell Sir David Brechin to send runners to me if he has heard anything of Moray. Sir David has fought against us sometimes, but he is a good Norman. I wish the same were true of all your scum of nobles.

LAMBERTON: I look forward to meeting you again.

> WISHART *and* LAMBERTON *bow. Exeunt* DE BOHUN *and men. A pause while both listen for departure of the others. Then* WISHART *drops on his knees.* LAMBERTON *after a moment does likewise.*

WISHART: Oh God, forgie the guile an ready lees
Oor only shield against that muckle pride
That beats us doon wi cruelty sae fierce
Till hauf oor mind's tae yield. Gie's strength
An patience tae win through. An haste the time
When we can meet them straucht. An through it aa
Gaur wisdom grow in us, guidin us tae richt
Hooever hard tae thole or ill tae see.
An for our countrymen spare Christ his tears.

LAMBERTON: Amen.

Curtain

SCENE THREE

> *The Greyfriars Kirk, Dumfries.* COMYN *and* BRUCE *stand talking in front of the high altar. Initially they may be speaking quite softly.*

COMYN: Weel met again Lord Carrick.
Ye've ridden faur laist nicht?

BRUCE: Na, no that michty faur. Jist frae Carlisle.

COMYN: I kent ye were i London. Ye hae made
Guid time o gettin back here. An ye'll find
That aathing's i guid order. Jist a week
Until we stert the Bishops' plan. Aa's signed

Yer ain seal set wi mine sax weeks ago.
An in twa days fae noo Sir David Brechin,
Maist powerfu o my knights will sign i Glesca.
He'll escort the clerics an oor ladies
Tae Scone for aa the croonin ceremony.
My cousin Earl o Buchan wi his troops
Will join us there, wi aa the Comyn clan,
An lippen on your fowk bein there as strang.
BRUCE: Ye ken fu weel that we'll be there entire.
Did I no gie my name and bond? You'll be
The King o Scots an I will hae your lands
An jointly wi Lord Buchan be the chief
O aa the airmy that ye'll gaither roond
Tae free yer Kingdom fae the English grip.
That's what the Bishops want, hae socht sae lang
That oor twa forces wad pit Scotland first.
An that's what we hae signed and pledged tae dae.
Is that no richt? Ye're still ettlin tae fecht?
Ye wadna cheenge yer mind, wad ye?
COMYN: Whit gars
Ye speak like that, why wad I cheenge my mind?
BRUCE: For why ye wad I dinna ken. But freends
Hae warned me doon i London. An I left
Fell shairp wi whit I heard aboot ye there.
COMYN: But Carrick man, ye suldna pey ocht heed
Tae bruit o yon coort. Ye ken the joke
That hauf the lees ye hear there arena true!
BRUCE: Aye, I ken the baur, but noo's nae time
For jokin! That's a double jest
An stots back that the ither hauf *are* true!
An I got word that ye hae tellt Langshanks
O aa te Bishops' plan, an my pairt in't
An justifeed yersel some wey tae him.
Yersel maun ken gin that's a truth or lee
Whit say ye tae it? Here richt on this shrine
Lay doon yer hand wi mine an tell on aith

11

Whether the tale I heard is lee or truth.

> BRUCE *places his hand on the altar as he speaks.* COMYN *hesitates but slowly does the same.*

COMYN: I ken na whit ye heard, an canna swear
Tae whit I dinna ken.

BRUCE: Then tell me stracht
The truths ye ken yersel. That ye are pledged
Wi me tae keep the bond that we hae signed
Nae jist for lands nor Kingship, but for richt
O Scotland tae keep free her different state.

COMYN: I dinna get yer drift. Whit dae ye mean?
Whan I'm the king, I'll keep the Kingdom shair
I'll soon find weys o keepin England sweet.

BRUCE: Whit wey culd ye dae that an be ocht else
Than Balliol's empty jaiket? Yer mind *has* cheenged.

> BRUCE *withdraws his hand from the altar, fumbles in his coat.* COMYN*'s hand remains on the altar as he says;*

COMYN: Nae cheenge o mind ava. I'll keep the bond
As weel's ye'd keep't yersel!

BRUCE: (*pulling a document from his coat*) O God's sake man
Hoo daur ye lee yer sowl awa on aith!
Nae cheenge o mind ye say? I ken ye lee!
Here's screivin by you signed wi yer ain seal!
Tells aa the plan tae England. Cheenge o mind?
Ye bluidy traitor! Ye've named ilka man
That's sowdered wi the Bishops. Sorted oot
The fowk that maun be killed as soon's ye're crooned
Because ye think they'll nae bend like yersel.
Ye're nae jist traitor, ye're forsworn richt here
At this Kirk altar, hand on it for faith!
Here's black betrayal screived wi that same hand.

COMYN: Whaur got ye that?

BRUCE: An so ye recognise it!
We took it at Carlisle. Yer messenger
Ran intae us as we were hurryin back
Fae London. An I minded whit was tellt

Aboot ye there, an searched his pack.
He's ootbye wi the troop, a witness shair
That ye intend sic bluidy treachery!
An noo whit say ye?

COMYN: I say it's richt high time
You stertit thinkin like a mensefu man
Jist think stracht on oor bond, an unnerstaun
The Bishops an yersel mak me the King!
For that they baith get benefice wi Kirk,
An you get aa my lands. It's they an you
Will be forsworn gin ye oppose my rule.
Ye had i fact nae richt tae stop my man.
I wrote tae Edward as *your* chosen King
Assurin him o freenship. Naethin mair
Than I hae richt tae dae. An mind ye that.
An ken that is the real wey o the warld.

    BRUCE *tries to speak but* COMYN *shouts him down.*

COMYN: *(continuing)* Jist haud yer rein an read my scrieve
aricht
Ye'll see that I hae socht for Edward's pardon
Tae ilka man wha signed the bond wi me,
Yersel an aa, as lang's they'll tak my rule
Wi Edward's blessin. Gin ye aa tak that
There needna be ocht killin.

BRUCE: Christ's sake! Whit hae I dune wi pledgin word
Tae sic a cranreuch craven twisted mind!
Ye've sellt aa ower again tae Edward's grip.
I think o aa the deid, the tortured livin,
An o the awfu daith that wis decreed
For Wallace. An I mind on Berwick toun.
Whaur greetin mithers sairly scraped the airth
Wi torn fingers i the ruined streets
Tae bury their ain bairns. That's yer real warld.
That's England's Edward gin he doesna get
His ain wey aa the time. Yer treachery
Laves Scotland nocht but desolate despair

An maks me traitor tae for gi'en ower
My richtfu kingship claim tae yer foul hands.
COMYN: Nae mair o yer damn snash! Foul hands ye say!
Far better foul tae rule than be a fule
An sic a fule ye are wi daft like tales
Auld-farrant Romance like the Roland Sang.
Blethers o freedom, an chivalric deeds.
Ye're saft, contemptible, the wey ye rave
Aboot some wimmen greetin, an yersel
Girnin aboot despair. Gin ye were wyce
Ye'd lippen on tae Edward for a place
The same's I dae masel. Be eident noo
An see ye're there at Scone when I am crooned
Sae fowk can see ye bend, I'll speak ye fair
Tae Edward. — God's sake man pit that dirk
Awa! Mind whaur—!
BRUCE: (*he has released his dagger from its sheath and
stabbed* COMYN) Had ye been true, fowk wad hae seen me
bend
But noo they'll think my hands as foul's yer ain!

Curtain

SCENE FOUR

*The hall of the Bishop's Chambers at Glasgow
Cathedral.* WISHART *and* SIR DAVID BRECHIN *and*
LAMBERTON *come in from an anteroom.*

WISHART: Well, Sir David, it would seem that now
We have all matters covered. We have placed
Before you all our plans – and all our hopes.
Have stated frankly that we seek your help.
Because your strong example can entrain

The power of many nobles to our cause.
We have attempted answers to your doubts
And now – what is your mind?
BRECHIN: My mind
Is first and straightway to commend your thoughts
As better far than I had feared to find
While journeying here odd rumours came to hand
Which troubled me. I tell you straight
Had you suggested Carrick for the throne
You'd have my answer with a trumpet's scorn.
A ready No. You say you can
Rely on his abandonment of claim?
LAMBERTON: Most certainly. But to make surer still
I have in draft a binding testament
Which you shall see him sign.
BRECHIN: Our Norman blood
Is slight in him. Ten generations now
And more than half by Scottish Marriages
The man is more a Celt – and lives like them.
Last summer we campaigned perforce together
I found that he would spend the time at night
Listening to songs. Would sit with commoners
And tell them strange romances.
LAMBERTON: But agree,
We need him in our counsels.
BRECHIN: Yes, he has
A courage and a bend for war, though yet
Impetuous and lacking much experience.
But that's enough of him. I've fought ten years
As Baliol's and as Comyn's man, and know
I'd find them easy lieges with success
I shall again – and that's my word on it.
LAMBERTON: We honour your decision.
WISHART: Thanks to God
That you are true with us. Now to our plans
We meet two months from now for council full

Will you bring all whom you can influence
To join us then – at Scone where we shall crown
Lord Comyn King of Scots.

There is a violent knocking at the door.

WISHART: See tae the door William. I telt them nae tae bother us – it maun be important.

LAMBERTON goes and opens the door. JAMES *bursts in.*

JAMES: Twa horsemen, yer Lordships. Scots by the look o them – in the deil o a hurry. They just cam oot o the wud an are near ower the haugh noo.

LAMBERTON: Awa an stop them. See what's wanted, an if need be bring them in.

As JAMES *goes out the noise of horses is heard.*

BRECHIN: I hope this does not augur change of plans
Which I have now set word to.

WISHART: Hardly that
We are too sure engaged.

Enter NEIL BRUCE *with* KIRKPATRICK, *breathless and travel torn.*

WISHART: Neil Bruce! What's wrang?

NEIL: *(looking round at* LAMBERTON *and* BRECHIN*)* My Lord – Robert's on his wey here. We've awfu news.

KIRKPATRICK: *(speaking almost simultaneously with* NEIL*)* Comyn's betrayed us. He wrote it aa tae Edward.

NEIL: We've killed Comyn.

BRECHIN: *(drawing sword)* My kinsman and my Lord
I'll have your blood for that.

NEIL and KIRKPATRICK *draw swords to meet* BRECHIN.

WISHART: *(interposes himself)* Remember where you are. Neil! – Sir David! Give us your arms.

BRECHIN hands over reluctantly, NEIL *and* KIRKPATRICK *quickly and with a sense of shame.* LAMBERTON *takes the swords and lays them down.*

BRECHIN: This settles my allegiance. My Lord Bishop, return my sword to me. I shall leave at once.

KIRKPATRICK: Dinna let him gang. Mebbe he kent fine o

Comyn's letters. Ye canna trust him.

WISHART: *(interrupts)* He cam here wi only twa-three men – tae tak oor side. He maun gang in peace. My Lord of Brechin – can you swear you did not know from Comyn of this – and that he was to betray it?

BRECHIN: I did not. My oath on that. My Lord Bishop, will your servents summon my men?

WISHART: As you wish. *(hands him his sword)* James, awa an tell Sir David's men tae hurry for the road. *(exit JAMES)* Sir David, I regret we shall not have you with us.

BRECHIN: You mean to go on then? With us on Edward's side you have no chance.

NEIL: Robert will make amends. Comyn's heir can have the throne – anything.

BRECHIN: Carrick himself! Had he a hand in this killing? By the Lord. I go at once to Buchan – my kinsman and Lord Comyn's. We cannot rest until we have laid the house of Bruce in the dust.

LAMBERTON: And Scotland?

BRECHIN: That's the talk of a clerk, St Andrews, who is ignorant of men's affairs. My Lords, *(to WISHART and LAMBERTON as he goes out)* give up this fight now before it is too late. You will fail and go down in the dust with these worthless murderers *(exit).*

NEIL: Oh God. An still he doesna ken the worst.
Sae bad it hardly can be tholed at aa.

WISHART: What waur noo can there be. There's aa oor plan
Gein ower tae England's kennin, an the pooer
O michty nobles i the land agin us.

NEIL: O muckle waur indeed. 'Twill tak yersel
Awa fae us.

LAMBERTON: Na. Naething culd dae that.

NEIL: 'Twas Robert his ain sel wha first struck hame
Tae Comyn's breist – his dagger quickly pu'd
Wi blindan flash o anger – i the Kirk
Richt at the altar.

WISHART and LAMBERTON *cross themselves. There is shocked silence.*

WISHART: God i heaven above.

Sic sacrilege!

Curtain

SCENE FIVE

The same the next day. In the early part of the scene – as other characters speak – BRUCE *is restlessly moving about the room. On the stage as curtain goes up are Bruce – back to the audience, looking out of a window. His wife* ELIZABETH, *Countess of Carrick. His brothers* EDWARD, NEIL *and* THOMAS. *His sister* MARY *and her husband* SIR NEIL CAMPBELL. *His sister* CHRISTINE *and her husband* CHRISTOPHER SETON. *Young* JAMES DOUGLAS *and other gentlemen.*

There is a moment's silence after the rise of the curtain. It is broken by BRUCE, *turning from the window.*

BRUCE: Near hauf an oor noo sin we cam in here.

An ilka meenit draggin oot its end.

THOMAS: Hae patience, Rob.

ELIZABETH: An ye suld rest yersel

My Lord. Three days ye haena slept an oor

Wi sic a trouble on ye.

BRUCE: Neil, ye're sure

Ye tellt them the hale truth. The letters fund

On Comyn's man at Carlisle? On his wey

Tae Edward? Hoo I saw mysel sic words

I culdna weel believe?

NEIL: Aye ilka thing.

BRUCE: An hoo I speired at Comyn – an he swore

He kent nane o't. Hoo, the letters shown

He first denied, syne said he'd made a mind

Tae lippen on tae Edward for the throne.

An hoo the birse deep in me rose wi shame
Mindin I'd gien my word abandonin
My ain maist richtfu claim for this – proved fause.
An hoo sic anger beat aroond my heid
At thocht o Scotland, sellt aa ower again
At thocht o aa the deid, an tortured livin
At thocht o aa that culd and suld hae been
I struck – uncarin whaur I was. An so
Wi this leal hand sae wantonly lat lowsed
Hae broken ony hope there micht hae been.

EDWARD B: What hope there was was broken had that letter
E'er reached tae England.

> *Door opens,* ALEXANDER BRUCE, *Dean of Glasgow comes in. He is the remaining brother and this is a reunion. They are nervously effusive, trying to reduce a tension they all feel.*

EDWARD: Sandy brither, Oh it's guid tae see ye again.

> NEIL *and* THOMAS B, CHRISTINE *and* MARY *also welcome* Alexander.

CHRISTINE: Elshender – my ye mak a grand Dean.
Does he no Mary?

MARY: Aye – he's a changed laddie noo fae the day he fell aff the pony tryin tae chase Rob alang the sands. D'ye mind o that.

ALEX B: Well, it's glad I am tae see ye aa. Christine – ye're as bonny an cheeky as ever. Mary – dinna you speak o faa'an aff ponies. I culd tell your man a thing or twa about ye!

BRUCE: (*cutting across the badinage with a different mood, but stretching out his hand to* ALEX) Och Alec. I culd wish tae meet ye thus
Wi notice faur less scant an news less wae.
Ye maun hae heard it fac the Bishops noo
An can ye tell me what they're thinkin?

ALEX: (*takes* ROBERT*'s hand, but goes down on one knee before him*) For what's i *their* mind ye've nae lang tae wait.
An what's i mine ye see afore ye noo.

An God hae mercy on us aa.

Seeing ALEXANDER*'s surprising action,* JAMES DOUGLAS
goes forward and also bends before BRUCE.

DOUGLAS: Maist humbly I acknowledge you my King.

BRUCE: *(visibly affected)* Na, Na. This canna be. I hae thrown aa

My richts awa wi sacrilege.

*One by one the rest of the company kneel in silence not
noticing that* WISHART *and* LAMBERTON *have come in.
When they do see them they rise.* BRUCE *bows before the*
BISHOPS – *but is waiting* – *makes no move, uncertain how
to greet them, waiting for them to greet him.*

WISHART: *(He is very stern. He speaks not to Bruce but to the
company.)* Ye ken the sacrilege that has been done
The like that happened only aince afore
An that in England wi mair foulness roond
When Henry murdered Becket. That was planned
Deliberate construction. This is no
An this was sair provoked. But even sae
It maun be grievous i the sicht o God
That i the holy Kirk sic anger rose
An wisna yokit weel. An i the sicht
O men this will gie England sic excuse
Tae act wi unctious face o richteousness
Far mair then e'er afore. Oor ain dear land
For whilk we've focht sae lang will noo be split
In twa opposin camps – the t'ither ane
Be stronger far than yours an giein itsel
Richt ower tae England. Since ye ken aa that
It's nae licht thing tae honour Carrick thus
The way ye did afore we cam inside.
Think weel – an tak your leave noo if ye want.

He pauses. No one moves.

St Andrews and mysel hae spoken lang
Aboot it sin Sir Neil brocht us the news.
We aye hae prayed for guidin – an we see

Oorsels as muckle cause o this disaster
As you, my Lord o Carrick. We had planned
As seemed expedient for material pooer
Against oor inner feelins and against
Advice o some o oor maist loyal freends
Wha noo culd say they warned us we were wrang.
Haein that i mind – and kennin Carrick's truth
Kennin fu weel that penitence sincere
For this wrang deed will bide wi him for aye
We hae decided that we can, an will,
Gie absolution.

> *Pause. Murmurs of agreement from the rest – all except* BRUCE *himself, who walks away over to the window again. He turns round as the* BISHOP *resumes, and comes forward as Wishart speaks.*

WISHART: *(continuing)* This is nae licht thocht
But strange as it may seem it maun be richt.
Afore, we had a choice atween twa roads,
An stumblet tae the wrang. Nae ither wey
Divides afore us noo. Exceptin tae gie in
Tae tyranny an pride o Edward's claims
An, by my faith, that never culd be richt.
An so we hae been guided.

Robert Bruce

The Earl o Carrick, noo withoot dispute
The only heir tae Scotland's ancient throne
Efter the absolution o his sin
An keepin penitent therefor withoot remiss
Maun tak the symbols o the Kingly state
Be crooned at Scone wi oor maist richteous sanction
And then set ilka vein an thocht tae win
Oor freedom fae the foreign yoke. His duty this
Whilk he maun e'en complete or dee in tryin
My Lord – will ye accept this burden?
BRUCE: In fower sma days a man can live fower lives
A mist can wanner him inside an oor

An clearin wind reveal within a meenit
The lie o aa the land. An sae hae I
An sae has it been wi me. Fower lives
The first, fower days ago that dee'd, I was
An earnest Knight, self disinherited
Aa set i resolution tae wark oot
The plan we made wi Comyn. Suddenly
Fause letters o betrayal strangle me.
An syne the second life a questin shame
Askin hoo it suld be that Scotland's cause
Sae aften was cast doon by her ain fowk.
An then a roarin flood o anger drooned
That seeck and dowie man ootrageously.
And so a sacrilegious murderer was born.
The third and monster o that company
Wha thocht tae live forever i the hell
O sin intrinsic. Wannert i the fog
O hopes destroyed an darkness aa aroond
Until you spak the noo an wi ae stroke
Sent wraiths o mist aa scurryin awa
An showed hoo yet a fourth life can be born
On this fourth whirlin day. Ane that can laist.
A life o dedication that can mell
Aa ither three thegither an resolve
Their separate clamor intae harmony,
Tae tak the spirit o the first as guide,
A readiness tae plan an fecht for richt
Tae scatter aa the questions o the second
By showin answer that some Scottish fowk
Will never cast her doon. An for the third
Bear penitence through aa the hale o life
An justify the act by freedom won
Or daith gained i the struggle. Tae that end,
An strengthened by the due acknowledgment.
The loyalty ye aa hae shown tae me
I sall assume that croon o Kingly state

An pray that I may fit the honour o't

> WISHART *and* LAMBERTON *move to* BRUCE*'s side – so does his* WIFE. *The company gather closer – his* BROTHERS *and* SISTERS *nearest to him after the* BISHOPS *and his wife.*

BRUCE:*(continuing)* Oor land is noo in thraldom. Twenty years

A cruel usurper has bound irons on't

An laid tae waste the wealth o toons an fields

The King o Scotland wad be empty name

Tae tak on i the noo. But God be thankt

That never was in aa lang history

Oor Royal title – for oor ancient race

Wi rarer wisdom had expressed itsel

No King o Scotland – but the King o Scots!

That is oor constitution. Sic a name

Shows kingdom's origin i herts o men

An never can be tuim. A Kingdom rich indeed

Wi e'en a single loyal hert. An I

Hae thirty roond me noo. An thoosands mair

Wha noo lie groanin under tyranny. The comman fowk,

The clansmen i their crofts. Wha daurna speak

Until oor enterprise gies liberty.

> *He pauses and turns to* WISHART *and* LAMBERTON.

An noo, tae oor immediate action plans.

I understand Sir David Brechin left

Here yesterday. Gangin as quick's he culd

Ten days tae meet wi Buchan and the rest

O Comyn's fowk an mebbe git the news

Tae Edward earlier. We maun move quick.

LAMBERTON: Your Coronation maun come first.

BRUCE: But no.

I'd like tae gauge support a bit ere that

Nae aa the nobles wull tak Comyn's side.

EDWARD B: We coont on Lennox – an on Athol tae

WISHART: *(forcefully)* The Coronation maun be dune forthwith

An yet maun hae as muckle dignity

An weicht as we can muster. Mair than that
We maun dae ilka thing we can tae meet
The auld established custom o the throne.

LAMBERTON: The Stane o Destiny is fast i London
An maun be dune withoot.

WISHART: The ither need
Is that the croon suld be placed on the King
As custom has it, by the Earl o Fife
An he's held doon i England.

MARY B: Then his sister
Wha's next tae him in line can hae the richt.

SIR NEIL CAMPBELL: But she's Lord Buchan's wife.

MARY: My Lord, an I am yours
An yet were you cruel England's cruellest man
I'd show for Scotland.

WISHART: We can send tae her
An her's shall be the choice tae come or bide.
An for the rest. The maist that we can dae
Tae suit due obligations is tae meet
At Scone – an there assembled croon oor King.

BRUCE: I ken the Abbot there is leal tae us
An earnestly believe that Countess Buchan
May e'en defy her husband.
                              This sall be
Oor course fae noo – for Scone is near tae Perth
A heavy English garrison. An here i Glasgow
There's just as strong a fort ower near at Ruglen
Sae we maun split tae merit less attention
An seek i several pairts for mair support.
Edward an Neil – an Douglas lad wi me
Tae Lennox. You, Sir Neil, wi Alexander
Roond by Menteith, keep oot o sicht o Stirling
Escort the ladies wi his Grace o Glasgow.
St Andrews, Christopher an Thomas mak
For Athol an for Moray. Then tae Scone
Soond ilka ane that's likely tae be leal

An tell him what's i train. Oor tryst sall be
Fower weeks fae noo.

> WISHART *has gone to the door and opens it for a*
> SERVANT *to enter carrying a big chest, dusty from long*
> *hiding.*

LAMBERTON: Palm Sunday

A fittin time i sooth.

WISHART: We hae a goudsmith here

Wull mak a circlet that can serve for croon

We'll ripe sic vestments as we can fae here

Tae show a panoply tae fit events

An i this treasure chest sae lang concealed

I keep the flag which England has forbidden.

> *The servant has opened the chest.* WISHART *rummages*
> *down to the bottom of it. He brings out, folded and*
> *encased in parchment, the flag. Seeing this,* DOUGLAS
> *moves forward with a staff to which the* BISHOP *attaches*
> *the flag.*

WISHART: The auld forbidden flag o Kings o Scots

The lion wi his lilies taks the field.

> DOUGLAS *holds the Standard above* BRUCE *and the*
> *company group as a tableau to the falling curtain.*

Curtain

SCENE SIX

A room in the house of the COUNTESS OF BUCHAN *at*
Balmullo, Fife, about a week after Bruce's absolution at
Glasgow. BUCHAN *is about to leave to go his manor in*
Leicestershire.

BUCHAN: An are ye ettlin still tae gang tae Scone

Noo that nae thing's turned oot the wey foreseen

Ye'll shame me sair gin ye gang there tae Bruce!

COUNTESS: Na sir. I'll shame ye nane. T'wad shame us baith

Mair waefu gin I were tae bide awa.

Yer cousin shamed us aa by treachery.

A King there maun be. And my hands alane
Can mak him –
BUCHAN: *(interrupting)* But, ye maun hae sense!
That man is Bruce! The very man wha killed
The heid o Buchan clan! An aa my kin
Expect me tae revenge that wanton deed.
Your lealty's tae me, an tae nae ither.
Ye'll lay aside the darg that's due tae Fife!
COUNTESS: I'll no dae that. Ye canna mak me dae't.
Ye wadna hae me scorn the lang kent duty
My faimly's done for ilka Scottish king
Since Malcolm Canmore. Yer ain clan
Ken that's my place, an ken the grypin truth
T'was Comyn his ainsel that disannoled
His ain grand future wi betrayin clype.
BUCHAN: *(interrupting)* But heed me noo. Thae twa days we hae been
Ower aa the weys o't, aye, an fine we ken
Whit-like a weird we'll dree, an hae tae thole.
For gin ye gang tae Scone ye'll be yer lane,
Ye're wyce eneuch tae ken I maun disown
Yersel, my very wife. Ye'll be miscaa'd
As Carrick's leman. Hoo can I protect
Your name for aa I honour it mysel
An tak your lealty for truth.
COUNTESS: It is.
Be shair o that my lord, whitever else
May gang asklent i thae uncouthy days.
As wife I'm true tae ye. It disna shame
Ye an the Comyn clan gin I croon Bruce.
But ye maun honour my inherent task.
I canna bide fae Scone. A king
Has been proclaimed. That's fact. But fact as weel
That England reived the Stane o Scone tae tak
Oor ancient symbol an sae argify
Wha'e'er we crooned culd no be richtfu king.

An ye were set that I culd brak that thocht
By bein there as Fife tae gie the croon
An aa its richts tae Comyn. Three weeks noo
Ye've gaithered horse and men intae oor fields
For us tae gang thegither ower tae Scone.
Comyn be croond by me, an ye an Bruce
Leadin the airmies o King John's best men.

BUCHAN: But noo that canna be, for I maun fecht
Against the man yer duty will mak king.
Shairly ye see that?

COUNTESS: O' coorse I see.
I ken that's aa forfochen. An the faut
Lies stracht wi yer Lord Comyn, for his clype
Had cast his richts awa even gin he'd lived.
He'd made himsel an English stooky doll!
Answer me this. Gin Carrick hadna struck
Had Comyn lived wad ye hae ta'en his pairt?
An gaun wi me tae croon a man forsworn?
I wadna hae done that. I dinna think
Ye'd want me tae. Wad ye hae gaun yersel?

BUCHAN: Och Isobel it's hard tae ken the wey
I culd hae thocht o that. We micht hae gien
Mair smeddum tae him sae he culd gie up
His sookin tae Langshanks. But Carrick's knife
Gied Comyn nae a chance tae mak amends.
An noo I hae nae choice but hunt tae daith
The man that ye're tae honour wi the croon.

COUNTESS: An like yersel my fere I hae nae choice.
Altho the plan's asklent, yet Carrick's there
Nae jist absolvit, *ordered,* by the Kirk
As penance dire tae try tae win us free.
But e'en aa that is nae eneuch tae show
That ancient custom is observit strang
An only I can dae that. I maun gae
Tae Scone an sae awa fae ye. I think
T'will be for aye. A queer kin o divorce

27

But mind on me sometimes. I'll mind on you.

BUCHAN: I'll stert this very nicht for Leicestershire.

An lave the destriers an the men ahint.

Gin ye tak them tae Scone I maun accuse

Ye o bein airt an pairt wi Lamberton

Wi Wishart an wi Carrick his ainsel

I'll mind on ye aa richt gin ye dae that

But think ye wad tak shame tae dae ocht else

An noo fareweel.

He embraces her roughly and leaves with a wave of his hand which she returns, as she also calls adieu.

COUNTESS (*thoughtfully*): An me tae Scone, my Lord, an tae whit else?

I dinna ken. A queer-like wey tae pairt.

Curtain

SCENE SEVEN

A clearing at Scone, March 1306. A group of common SOLDIERS, *ill clad – some spears – some swords; some* COMMONERS *unarmed.*

1ST SOLDIER: *(Aberdeenshire voice)* They're takin an awfu time tae get ready. It suld hae been aa by noo. The Coontess o Buchan got here this mornin.

2ND SOLDIER: *(Angus voice)* What dae ye ken aboot it. Mary mither – there's some fowk kens what aabody's gaen tae dae next year. She'll no come ye can be shair.

3RD SOLDIER: *(Ayrshire voice)* Kinna makin a cuckold o her man if she does come. Eh.

1ST SOLDIER: I wadna say but what he's that already. Earl Carrick has a takin wey wi him – and Coontess Buchan was gey freendly wi him aince, they say.

3RD SOLDIER: Dinna ye twist my meanin wi yer Aberdeen fishwife's gossip. Gin we pey'd heed tae aa that's said tae ill-dae a man's name we'd be gey fules.

1ST SOLDIER: Keep a calm sough, Irvine man. I mean nae hairm. For mysel – I'd lippen on Carrick – though he had a dizzen paramours – an though he kill a dizzen Comyns. I focht wi Wallace at Stirling Brig an this is the best day I hae seen since.

1ST COMMONER: Best ye say – I think we're aa daft. Here's hawf o' us like mysel wi nae airms.

2ND SOLDIER: Then what the deil did ye come for?

1ST COMMONER: I aince had twa brithers an a sister. They were torn tae bits. I'm as daft as the rest o ye.

1ST SOLDIER: The smiths are busy – never fear. Some o Hay's men cam on an English pack train the tither side o Perth, an ambushed them. They got iron an mail chains, an meat.

2ND SOLDIER: Ay, the smiths are busy. We'll soon hae plenty o swords an spears – but no eneuch men tae cairry them.

2ND COMMONER: We're no really sae daft, ye ken. There's hunders like us aa ower the country that hae kept low since Falkirk – wantin only a clear an single lead, like Wallace gie'd, tae bring us oot again.

3RD COMMONER: Ay – this is clear eneuch onywey. The only big fowk that'll come here the day maun be the best o men. Nae noble thinkin o increasin his ain haud on us will come in tae this hopeless cause.

1ST SOLDIER: Hae ye nae hope then man?

3RD COMMONER: I hae a daft-like faith – caa that hope if ye like.

1ST COMMONER: The faith that what we dae is richt. The kennin that gin we fail we'll still be a bluidy sicht better men than them that caa us doon.

2ND SOLDIER: There's no mony big fowk will come here the day, tae tak side openly wi Carrick. It's aa richt for us. We're no kent – an culd deny it. But when noblemen are i hidin they canna trust like us tae no been ken't. Aa that they dae is gossiped ower the world, an nane o them can dodge his fate, because aabody kens what stand he took.

1ST SOLDIER: Here noo they're comin. Noo we'll see wha are the noblemen.

2ND SOLDIER: The Abbot onywey. I'm sure he's gled the day.

3RD SOLDIER: An Glesca. An St Andrews – soople as ever.

1ST COMMONER: There's Bishop David Moray – him that preached

Last week tae us.

1ST SOLDIER: There's Barclay o Cairns

Man I'm gey surprised tae see him here

But gled o't a the same.

2ND COMMONER: An there's my Laird, David Inchmartin

The look o him wad pit the rest o them tae shame.

1ST SOLDIER: The Coontess Buchan *(cheers off stage)*

There noo, did I no tell ye.

2ND SOLDIER: Boyd an Fleming.

3RD SOLDIER: Wha's yon young ane at the faur side?

1ST SOLDIER: Och – some lad Douglas. He hasna got his spurs yet an he's lost aa his lands.

3RD SOLDIER: There noo – at last – there's Carrick himsel. Oh. God bless ye Robert.

1ST COMMONER: Randolph's there.

2ND COMMONER: Edward Bruce.

1ST SOLDIER: Aye – an the rest o the Bruces – an the twa leddies an their men.

An there's oor laird – Lennox.

2ND SOLDIER: An mine – Athol.

3RD COMMONER: Wha's yon neist?

1ST SOLDIER: Somerville o Carnwath

Wi – praise be – Alexander Fraser.

They look on expectantly for a bit as the noise of the movement of men and arms is heard off stage – but quieter. After a bit the men look round at each other.

1ST COMMONER: O mercy – by the Saints – Is yon aa that's come?

1ST SOLDIER: *(grimly)*   Ay – that's aa. *(now with forced cheerfulness)* But it's mair than I expectit.

3RD COMMONER: Haud yer tongue man.

> *He goes down on his knees, as do the others – for an anthem has begun, the Latin words being unrecognisable. When it finishes they remain kneeling as the* ABBOT*'s voice drones on. Then they stand. The Abbot's Latin is heard slightly louder, but still indistinguishable.*

1ST SOLDIER: There noo. She has the croon i her hands ready.

1ST COMMONER: My – its gey wee.

2ND COMMONER: D'ye hear that. I kent that bit. Rex Scotorum – that means King o Scots. It's feenished. We hae a king aince mair.

3RD COMMONER: Wheesht.

3RD SOLDIER: An what a King he looks tae – my ain Lord o Carrick.

1ST SOLDIER: They're comin oot here noo.

> *There is a burst of cheering from inside, which is taken up by the men on the stage. Then enter* MONKS – *the* ABBOT OF SCONE, *the* COUNTESS OF BUCHAN, *followed by the* KING, *in full chain armour and crowned – with the* QUEEN – *then* WISHART *and* LAMBERTON *in ecclesiastical robes. The King's* BROTHERS, EDWARD *carrying the Royal Standard –* MARY, CHRISTINA, SETON, *and other* GENTLEMEN. *There is a buzz of conversation, quietening as Wishart speaks.*

WISHART: *(He steps over to the* COUNTESS BUCHAN *and takes her by the hand, turning to the company of commoners)* I gar ye aa stand witness that this day

The Coontess Buchan, dochter true o Fife

By richtfu custom an her ain free choice

Has set the symbol of the Scottish state

On – *(he pauses and looks at* LADY BUCHAN, *who raises her head proudly and speaks).*

COUNTESS: Robert Bruce the Earl of Carrick

> *She holds her hands out in front of her.*

Thae hands o mine! – they suld hae been my brither's.

But England keeps him grippit sair tae try

Tae brak the true observance o oor King.

For weel they ken oor honoured Scottish custom.
The Earl o Fife maun croon true Kings o Scots.
But I hae jouked the English and am here
As proxy tae stand fest for brither Fife.
The honour o my birth's the same as his
An lang kent custom is fulfilled entire
By me! – Lat that be kent in England!
Acclamation – then she continues

Thae hands o mine alane were fit tae mak
Oor richtfu King, an gledly I cam here.
But och I wish thae hands culd tak a sword
Wi manlike strength tae fecht for Scotland's richt
An Robert, King o Scots!

*A burst of cheering springs from her words. She curtseys
to the* KING, *who takes her by the hand and raises her up.*

KING: Your Ladyship.

*He clasps her hand in both of his – and they look
earnestly at each other – silently – until she lowers her
head.* WISHART *breaks the silence – and the* KING *lets go
her hand.*

WISHART: For this ae day I hae looked lang and anxious
When we suld hae again a King tae lead.
The very threids o life were cut that nicht
When Alexander dee'd. Here's ane tae try
Tae weave aa ower again. Mak silence then
For oor maist royal Prince.

KING: My noble Lords
My countrymen. I hae nae mind
For muckle speak the noo. A kingly speak
Gracious fae throne wad only tempt the fates.
Oor mind no yet can tak a stately pace
But maun tae dispositions run. This day
Will raise sic heat i England's greedy hert
He'll haste his airmies efter us. An we
Are but twa hunder fechtin men the day
Hoo mony mair are on their wey tae us

We dinna ken. But ilka ane is needed.
Sae plans and dispositions better fit
This instand o oor new estate. An I
Will tak quick coonsel wi yer chiefs.
Ae thocht alane I'll leave wi ye the noo
His Grace o Glasgow spak o weavin up
The cut an tangled threeds o life itsel.
Oor weavin tho is no a couthy job
Like women at the looms. It maun be like
The spider striven in a strand o web
Tae rax a corner siccar when the wind
Cam burstin through an brak it aa again.
I watched a spider aince an saw seven times
The web aa torn tae bits ere it won through.
This day we maun hae mind o William Wallace
Sae cruelly put tae daith sax month ago
An aa that dee'd wi him. The web was burst
That they had worked sae hard. They'll be avenged
Or we sall share their fate. My Royal will
Is set tae that for aye. (*acclamation*)
Gin oor time came
Tae hae the pooer o King as weel as symbol
I'll show a mindin o ye're presence here
Tae match the feelin i my hert the day.

> *The company disperses – leaving him with only the* BISHOP, *the* QUEEN *and the* BRUCES.

QUEEN: My lord, sic dreams ye hae. What else but dreams
The wannert shapes that swirl i mirk o sleep
Risin when they suld faa an seepin through
Aa solid obstacles against ocht chance an natur
Sic shapes alane are sib tae hopes like yours.
Or else it's like a game that bairns wad play
Makin a King an Queen for First of May.

Curtain

ACT TWO

SCENE ONE

Berwick Castle. A wicker and lattice cage jutting out under a turret. In it the COUNTESS OF BUCHAN, *dishevelled and dirty, a prisoner. This is 1307 and she has already been prisoner there for some months. Pillars support the cage so that its floor is about 3 feet from the ground. English* SOLDIERS, *slightly drunk, are on the stage, but not at first looking towards the cage.*

SOLDIERS: *(singing to a marching tune)* Fighting is a man's
work, man's work, man's work

When God wants it done

He sends for Englishmen

God's Englishmen

Have done it again.

First we got the Welsh beat, the Welsh beat, the Welsh beat

Now that has been done

Praise to Englishmen

God's Englishmen

Have done it again.

Now we've got the Scots down, the Scots down, the Scots down

They were finished when, they met the Englishmen

God's Englishmen

Have done it again.

(convivial self-cheering, though one SOLDIER *continues to sing)*

Next we'll have the French laid, French laid, French laid

1ST SOLDIER: Oh stow it, Giles.

He looks over the cage, where the COUNTESS *is standing with her back to the far wall, tense and erect, but not looking at them.*

1ST SOLDIER: *(continues)* Our music isn't appreciated.

2ND SOLDIER: Let's get Belle of the Cage to sing to us.

He goes over to her.

Come on my little linnet, give us a song.

She gives a scornful glare, then ignores him.

1ST SOLDIER: You forget, William, your ornithology. Only the cock sings. She needs her Cock Robin. Oh *(mocking to the* COUNTESS*)* I beg your pardon Lady Isobel. *King* Robin, isn't it. And didums makums a King with ums own little hands then – what a clever litle birdie *(laughter from the* MEN*)*.

3RD SOLDIER: Here – make me a King.

He holds out a piece of parchment and bends it round and holds it through the cage.

Come on now sweetheart – see it fits *(he holds it on his head).*

4TH SOLDIER: Oh, leave the girl alone. Let's get back to the ale-house.

1ST SOLDIER: And miss such good sport. Not likely.

4TH SOLDIER: You've teased her every day for the last six months. Even you should have tired of that sport now.

2ND SOLDIER: All for the Scots are you, you damned Saxon.

4TH SOLDIER: That's enough from you. I'll fight for King Edward, God bless him, as well as you. But *(he is uncomfortable)* I don't like this.

1ST SOLDIER: You know damn well the King ordered it only to scarify these Scots and keep them down. And quite bloody right.

3RD SOLDIER: He wants to be a King too. He's in love with the Belle of the Cage. Here, Isobel lass, here's a man to keep you warm. Never mind your Cock Robin. There's a good English cock for you.

1ST SOLDIER: *(bowing and scraping)* *King* Robin. Where's your King now, dear lady. Why be true to him. Didn't he let you be captured and put in this nasty cage. There, there now.

2ND SOLDIER: Tried to fight our Pembroke at Methven and got beaten – ran off with his tail between his legs.

1ST SOLDIER: Never mind, he was thoughful, wasn't he – didn't he leave his little brother Neil to look after you and the Queen and all the other ladies.

3RD SOLDIER: But poor little Neil lost his head, and what was between his legs too!

Laughter. They look up to the castle wall where NEIL*'s head is stuck on a pike. If props can't suit, it can be out of sight of the audience.*

2ND SOLDIER: Tell us lady – is he like his brother? Does he have his eyes and hair?

1ST SOLDIER: She won't know him without the other missing bits!

One of the SOLDIERS *has a branch of a bush or a tree, springy and flexible, yet stiff enough and long enough to reach to the back of the cage when thrust through the bars. He goes to the cage and pushes the branch through at the* COUNTESS, *attempting to lift her skirts.*

1ST SOLDIER: Here you are little birdie. Here's a branch to perch on. Come on. Come on. You can't get anything better unless you let us in.

This action continues for a very short time while, with the one exception, the SOLDIERS *are all cheering him on. She desperately tries to avoid the pursuing branch, and finally grabs it to thrust it down. But as soon as she takes hold the soldier pulls, hauling her stumbling to the front bars of the cage. There he thrusts his other hand through and grasps her clothing, ,*

1ST SOLDIER: *(shouting)* Come on now lads. We can all have a touch.

But with a tear of clothing the COUNTESS *manages to break loose and retreats to the back of the cage screaming and yelling.*

COUNTESS: Lae me alane, ye English scum.

1ST SOLDIER: There at last the linnet's singing. *(The* COUNTESS *sobs bitterly.)* Sing sweet, my darling. Your Robin will come to you if you sing long enough.

The SOLDIERS *laugh, except the* 4TH, *who walks off in disgust.*

2ND SOLDIER: The song wearies me. It's always the same. Let's go.

3RD SOLDIER: *(As he goes out, he still carries the paper circlet and dances out holding it to his head.)* Make me a King, lady – make me a King.

The stage is empty for a bit and silent except for the COUNTESS' *sobs. Then a* FRIAR *comes in.*

FRIAR: My Leddy o Buchan – wheesht lassie, wheesht.

COUNTESS: Brother Donald – och ye suldna hae come here. If they see you wi me – guid kens what they'll dae tae ye.

FRIAR: I cam tae tell ye the news o the ithers. Tae gie ye some kind o strength, lassie, for the awfu ordeal ye hae.

COUNTESS: Ye maun be quick then – och I'll be gled tae hear. Is the King safe?

FRIAR: Aye.

COUNTESS: Thanks tae aa the saints.

FRIAR: An on his wey tae Scotland again.

COUNTESS: Whaur was he? I hae kent naething. Wha's wi him?

FRIAR: The Bishops o Glesca and o St Andrews were ta'en prisoners ye ken efter Methven. They're keepit in irons noo – an separated. When the King left you an the ither leddies wi Sir Neil an the Earl o Athol – he was pursued aa the wey tae Kintyre by the Comyn John o Lorne. He escaped an got tae Orkney. Bishop Moray got there tae.

COUNTESS: Och – but what are they gaun tae dae noo.

FRIAR: They hae got some support up there – aa Moray's ready tae rise for the King. They hae planned a campaign that suld hae started by noo. Thomas an Alexander Bruce are tae land in Galloway. The Bishop wi anither lot o men to land in Moray – an the King himsel wi Edward Bruce is takin aboot twa hunder men tae Carrick.

COUNTESS: Christ save us – they hivna eneuch. They suld wait.

FRIAR: They'll no ken what's been happenin aa the time they've been awa. I only heard fae a leal brither that cam fae Orkney intae Arbroath three weeks syne – an he had nae notion o what's been gaein on.

COUNTESS: Then the King disna ken aboot me?

FRIAR: No. Nor aboot the Queen an the Princess Marjorie in prison in England.

COUNTESS: Have they done *this* tae her?

FRIAR: No. She's mair comfort allooed her. But Mary Bruce, Lady Campbell, is in a cage like this at Roxburgh.

COUNTESS: An Athol's hanged. Lindsay's hanged. Boyd and Fraser beheaded. Oh, the King mauna land – sic news tae get if he does. He maun bide mair support *(breaks down and sobs)*.

FRIAR: Oh lassie – wheesht lassie. God is wi him – an what he hears will but mak him the mair earnest.

Noise of SOLDIERS *approaching is heard off stage.*

FRIAR: I maun awa my leddy. God's blessin on ye *(exit)*.

The COUNTESS *again stands erect, unseeingly, at the back of the cage. The* SOLDIERS *re-enter accompanied by others.*

1ST SOLDIER: What's the idea of having us back at the barracks just now?

5TH SOLDIER: You'll know soon enough.

2ND SOLDIER: Come on – what's it all about?

6TH SOLDIER: All right – we're moving West. There's trouble.

3RD SOLDIER: King Robin – King Robin is it?

5TH SOLDIER: Yes. He turned up in Carrick in February.

6TH SOLDIER: He's hiding in the hills. But a devil of his called Douglas with only twenty men has destroyed a whole castle.

1ST SOLDIER: Nonsense.

5TH SOLDIER: Nonsense be damned. The devils took the castle on Palm Sunday morning – the garrison was all at Church. There was only a sentry and a cook. They killed them – and calmly sat down and ate the garrison's dinner.

2ND SOLDIER: But they couldn't hold the castle.

6TH SOLDIER: No – they just burned it – and threw the cook's body in the well to poison it. They killed thirty of us as we came out of Church. *(*SOLDIERS *begin to go out).*

1ST SOLDIER: This is the stuff – we know where King Robin is
　　now. We'll soon have the whole thing over.
3RD SOLDIER: *(to the* COUNTESS*)* Hear that, little linnet –
　　Soon you'll get a nice song. We'll have a duet.

Curtain

SCENE TWO

*Near Burgh-on-Sands, 6th June, 1307. The English
camp.* EDWARD I, *near to death, on a litter, around him
several* BARONS, *and the* PRINCE OF WALES.

1ST BARON: Peace everybody – the King speaks.
EDWARD: *(after a pause, summoning his voice)* No further thus
　　– to crawl thus half alive
　　Move six short miles in four long days, when once
　　We galloped eighty. No – no further thus
　　But bid the Prince of Wales to us forthwith.
PR OF WALES: My Lord but I am here, and ready to you.
EDWARD: You're ready to us are you? Pray then why
　　Do not you cure us, and our Barons why
　　So powerless? Last year as ill as this
　　You brought me Athol dangling on a rope
　　And heads of other traitors to restore
　　The health of Majesty. How can a King
　　Be well when Kingdom suffers? When all rule
　　Is made a travesty by rebel hordes.
1ST BARON: My liege, they are not hordes. Tis but a few
　　Whom you shall soon see crushed.
EDWARD: Not hordes. A few. Then so much more disgrace!
　　This upstart Carrick thrice in six short weeks
　　Defeats our generals in skirmishes.
　　And must we die when all our will is mocked.
　　Eleven years ago that Scotland seemed
　　All ready to come tumbling to our hand

We should not need to tug ripe fruit so long.
Did not we take the Welsh?

PR OF WALES: Yes, Sir, you did
And made me their first Prince.

EDWARD: This thought
Adds madness to disease. What are the Scots?
Are they a tribe of traitors every man?
All rabble rebels caring nothing for
The power and pomp of law and kingly rule.

2ND BARON: They claim, Sir, they are loyal to their King.

EDWARD: *(in delirium)* Who speaks thus here? Put him in
irons.
My head so beats with pain to numb my thoughts.
Put him in irons – Cressingham – come here.
Where are you Cressingham – my God, yes killed
By murderous Wallace there at Stirling.
Good Cressingham – I've brought your soul its peace.
Here's Wallace for you – there now you're avenged
Sweet Cressingham. Smell that, look at his brow
There's joy for you. Damn him to hell
He'll not admit his treachery. Who speaks?
Who says the Scots are loyal to their King?
Who'll cure me now? Who poisons me with taunts?
Will no one capture Carrick?

PR OF WALES: Peace, my lord.
You over-tax yourself. You will recall
The army summoned by you here, which moves
Even now to Scotland. Carrick in the hills
Of Galloway is caught between our might
And loyal Buchan to the north – his enemy
As much as you – for slaughter of Lord Comyn.

EDWARD: But words – but words – where's blood to stifle pain
All Kingdom is in pain while rebels live.

1ST BARON: My liege. False Carrick's brothers both are dead
The heads of Alexander and of Thomas Bruce
Were brought to you.

EDWARD: A month ago
What now? Our Pembroke put to rout by Bruce
A rabble motley scattering the force
Of England's chief commander in the field.
Where are my visions – where the noble hopes
Of Kingly rule extending over all
This island, till the Scots, subdued entire
And made obedient to our Royal power
Are marshalled like the Welsh to fight for us
In France – and spread dominion further still
Where now. See you, my son, fulfil them.
And here is my command to show my hate
For those who have withheld those aims from me
Which must be yet accomplished.
Take my bones.

    And bear them in the front of England's arms
Perpetually at war until the whole
Of Scotland shall submit. This stern command
We give in clarity of thought secure
And fullest presence of our Royal mind
While pain leaves off a moment. See this done
A charge on you and all of our succession
Till England's rule is set with might and law
Securely on a conquered, prostrate Scotland
See you to that, my lords.

BARONS: Aye, Sir, we shall.

EDWARD: *(shouting in delirium again)*
Where's Cressingham again? And Pembroke – fool
Why can't you watch for ambush. Here, my lord,
Pull me an apple can't you – pull you lout
An apple ripe to fall – only an apple stalk
To tear – and look how Wallace sweats
There's joy for Cressingham – bring me that apple
Quick!

Curtain

SCENE THREE

September 1307. In the Galloway hills. On the stage as the curtain goes up, a blacksmith, NEIL, *at a rough forge, with a* YOUTH, *his son, working bellows. A heavy block for anvil. A sledgehammer. The forge is just outside a primitive cottage – thatched – clay and stone walls – no windows. The blacksmith's wife,* JEAN, *comes to the door.*

JEAN: Hoo muckle langer are ye gauna be?

BLACKSMITH: Nae lang, wumman. Awa an get oor meat het.

JEAN: The brose hae been het an cauld twice aaready, while you twa warsel awa there wi swords an stirrups for thae reivin bodies. Whit wey are ye daen't?

JOHN *(son):* The same wey as we aye dae, mither.

JEAN: Nane o yer impidence, Johnnie ma lad or I'll gar yer heed stite aff the wa. Neil – ye hae wrocht thae three days for that man – ever sin he cam wi his draglet craturs an campit abune the burn there. Ye ken fine he canna pey ye.

NEIL: Aye wumman. I ken fine.

JEAN: He's doon here reivin tae feed himsel – seekin brose for his men, and corn for the puckle horse they hae – efter chasin wir ain laird's fowk oot.

JOHN: He'd plenty richt tae be efter Macdowell. Did he no capture his twa brithers Tammas an Alexander, an hand them ower tae the English to execute?

JEAN: Weel-aweel, whit does he caa himsel King for if he canna stop the likes o that. C'wa in an tak yer meat.

NEIL: By aa the saints, Jean, ye're awfu thick i the heid. I tell ye, it's the like o that he's *trying* tae stop. Nae only for himsel – but for us aa. Ye ken fine what the English hae dune.

JOHN: Lots o fowk hae joined him, mither, sin he cam here.

JEAN: Oh, aye – I see. So that's the wey o't. Are you twa gommerils thinkin we suld aa gae aff wi sic a reiver – jist because he's efter the scunnersome English? Na, na, Neilie lad – we hae hae'n ower muckle stravaigin, tae be wanderin aff noo wi ony lordly cratur that ca's himsel King.

NEIL: Dammit wumman, if he bids us gang wi him we'll jist hae tae gang. There's somethin aboot him.

JEAN: Ay – or get wir throats cut. Fine I ken the weys o thae lads. If it cams tae that – guid an weel – but if it disnae – we're nae gaun o wir ain seekin.

JOHN: But mither – there *is* somethin aboot him.

JEAN: Wheesht – there he's comin – an ye hivna had yer brose yet.

Enter KING *with* SIR EDWARD BRUCE *and* JAMES DOUGLAS.

KING: Sae Neil – ye've kept at it aa richt.

NEIL: Ay sir – an my lad John here.

JEAN: *(bursting out)* They haena had their meat the nicht ava – *(adds after hesitation)* – sir.

DOUGLAS and EDWARD *laugh. The* KING *only smiles understandingly at her.*

KING: Na. Ye mauna lauch at that. She's richt tae flyte them. We're cryin crouse the noo, mistress – but only five weeks ago we'd hae taen the scrapins aff yer spurtle. Neil, ye've plenty mair work ye maun dae for us. Ye'll need aa the strength o thae airms. An you tae, laddie. Tak them in, Mistress, an gie them a guid bowlfu. We'll wait your man. I want words wi him.

NEIL, JEAN and JOHN *go into the cottage.* JEAN *is heard to say to* NEIL.

JEAN: He's mair gumption than you hae onywey.

After a pause, examining the implements, DOUGLAS *speaks.*

DOUGLAS: He's makin a guid job o thae swords.

SIR EDWARD: He looks a better craftsman than ony o the ithers we hae wi us i the noo.

KING: (*He has in the meantime taken the sledgehammer and swung it a bit – feeling its weight. Now he takes it and gives a sudden professional-looking swing of the hammer down onto the anvil block.*) The craftsman – aye. That wark o skill an kennin

Hae a oor lives in's hand. A flaw i blade
Or heft can mean your daith when fechtin sair,
Whan siccar steel micht hae gien victory
An that alane by chance. If ye but ken
Just whaur your adversarie's blade is weak
An keep aye dingin on that very spot
An likewise keep your ain flaws covert weel
There can be winnin against aa appearances.

DOUGLAS: Time swings across tae us noo Langshank's dee'd
His son's as greedy as hinsel, but no
As able tae command its satisfaction.

SIR EDWARD: Cam up the length o Cumnock wi grand show
O michty airmy – stude – an then went back
We'll efter him.

KING: Wi bare six hunder men?
Na, brither, na. He bade fell lang eneuch
Tae learn he could gae back wi'oot great hairm.
He maun hae heard hoo little fowk hae come
Tae merch wi us. Six month we hae been here
In Galloway and Carrick, an there's no
Fower hunder men joined wi us – though we've won
Fower touches wi the English. Clear eneuch
Bein ower near tae England fowk hae taen
Ower muckle fear o torture, for they've seen
Gey routh o it thae puckle years. No, sirs,
I hae decided. We'll awa fae here
Though Edward's taen his airmy back, he's left
Aa garrisons at double strength, an companies
O troops are swarman aa this airt. Ae guid
An well-placed cordon up Nithsdale an roond
By valley o the doon wad cut us aff
Fae aa the rest of Scotland. We were fine
Had aa oor plans succeeded, but defeat
O oor *(crosses himself here)* ain brithers by
Macdowell has left
Something gey like a trap. Oor ither force

Landed by Bishop David up i Moray
Hae made a better start. But Buchan's men
Are siccar tae be efter them.

SIR EDWARD: *(interrupts)* O God
Sic hairm was done that day o Comyn's daith
Macdowall an Buchan baith made enemies
Tae Scotland by that deed.

KING: *(after a slight pause, examining one of Neil's swords and clanging it against the anvil)* Nae flaw i this, that skill an furnace heat
Hae made immaculate, fae ore an dross.
I thocht at first like you. An certainly
I hae made things seem harder still that were
Gey hard aaready. But the truth, guid Ned,
Is that what was a hidden flaw that ran
A vein o dross richt through oor seemin steel
Was suddenly laid bare. Noo furnace heat
An skill maun tak it oot richt siccarly.
We gang tae Moray. There tae set oorsels
Agin the Comyn lords. We hae a chance
While England's King taks reins still new tae him
Tae forge a clearer Scotland.

Enter JEAN *carrying an earthenware bowl and wooden spoon. She goes to* DOUGLAS *as the youngest and least impressive looking.*

JEAN: I hae made ower muckle brose. Wad the gentlemen like ony?

DOUGLAS: My lord – the guidwife's made ower muckle brose. She's brocht some oot for us.

KING: Come ower here wi them, my leddy. I'll be very gled o a sup.

She gives him the bowl and the spoon – he sits down on the anvil, but before eating speaks.

But – lass – ye suld tell me the truth. A wycelike wumman like yersel wadna mak ower muckle brose i thae days onywey. Is this no yer ain share?

She shakes her head. NEIL *and* JOHN *come out wiping their mouths.*

JEAN: Na – I was doited like the day. An they were warkin sae lang. I made a lot thinkin they wad eat it aa. I did hae mine.

> JOHN *behind his mother looks at the* KING *and shakes his head.*

JOHN: Mithir – ye're a –

JEAN: *(turning on him)* Wheesht you or I'll tak my hand ower yer lug.

KING: John lad – bring oot anither bowl here. *(*JOHN *runs to obey.)* Neil, ye're a lucky man hae'an a wife that can mak sic fine tastin meat for ye.

SIR EDWARD: You'd better cam ower wi me tae the Camp, Neil. We'll tak this day's darg wi us – an ye can mebbe find ane or twa mair jobs oor men are needin.

> NEIL *and* SIR EDWARD *go out.* JOHN *has come back with the bowl meantime and handed it to the* KING, *who pours half from his own bowl into it, then offers it to* JEAN.

KING: Tak my fu thanks guidwife for what ye offered, an honour me by suppin wi me.

> *She curtseys and takes the bowl. They both eat, she drinking from the bowl. After a pause the King speaks.*

Douglas – wad ye bide here if we're tae Moray?

DOUGLAS: My Lord – ay will I. Leave ae hunder men wi me – an tak the ither five. I the hills a hunder are safer than sax hunder. We can cut aff supply trains – burn fodder – an jist mak general nuisances o oorsels tae them.

KING: Mair than that, guid James. The flaw again
If ye but ken it an keep dingin on
That very spot. An England's is the space
Atween her sodgers an their hame. Your task maun be
Tae prey on them. Tae work sae on their mind
That ilka man's forever aa keyed up
At ilka hoor o day an nicht. That ilka tree
An bittock wind-blawn grass is suspect tae them
An straucht-oot battle niver comin roond

Tae lowse their strings o nerves. We'll join again
If we hae got the North.

JEAN: I'll tak yer bowl noo sir.

As she is going out she stops, turns round to the KING
again.

My man's a guid smith – an there's nae muckle for us here.
Culd we come wi ye sir. I'm guid wi leather an harness, an
wi the wheel an loom.

DOUGLAS: As weel as mak brose?

JOHN: An I can handle a sword an a bow.

DOUGLAS: Can ye noo lad – an a speir tae?

KING: Ay lass – I was wantin yer man onywey – but ye can
mebbe command him better that me. We leave the morn.
(to DOUGLAS*)* Tak the lad wi ye an see hoo he shapes wi the
Schiltron drill. Put him through it hard.

Exeunt DOUGLAS *and* JOHN.

JEAN: Ye'll find Neil a guid man, my Lord.

The KING *does not at first answer – walks away from her
thoughtfully – then speaks without turning to her.*

KING: I had a brither, Neil, the youngest o us.

JEAN: *(slowly and reverently)* Was he ane that oor laird took
an gied ower tae the English?

KING: *(restrainedly)* Na – he was taen by them at Kildrummy
– tryin tae defend my Queen, an my dochter. They
beheaded him at Berwick – an the Queen an the princess –
she'll be eleven year auld noo – are i prison – separated.

JEAN: *(after a pause)* Micht I say something sir – aboot what I
heard ye sayin tae yon gentleman. *(The* KING *assents
without speaking.)* The weakest joint i the scunnersome
English is no what ye said, their faurness fae hame.

KING: What else then?

JEAN: That they're i the wrang!

Curtain

SCENE FOUR

Wooded country a few miles from Linlithgow, an evening in October 1310. The curtain rises on several English SOLDIERS *weary and dishevelled – some of them asleep – others restless on the ground. The speaking parts are the same soldiers as in Act Two, Scene One.*

1ST SOLDIER: *(gently kicking one of the lying figures)* Get up, Giles – come on now – I've had enough – my eyes keep closing on me – come on man.

2ND SOLDIER: *(Giles, 3rd soldier in Act Two, Scene One)* Ow – go to hell can't you – I wanna sleep *(he turns over).*

1ST SOLDIER: *(kicking again, now severely)* Get up you bastard. I'm finished.

He staggers and throws himself down on the grass.

3RD SOLDIER: *(one of these on guard – to his neighbour)* What was that – look over there – behind those reeds?

4TH SOLDIER: *(other guard)* You're right – there's something there *(shouts)* Christ have mercy on us. Stand to lads – quick they're here.

The soldiers frenziedly get up, rousing each other, unsheathing swords, fitting arrows to bows, and form around the clearing staring outward from it – there is silence for a bit – until the first soldier shouts hysterically.

1ST SOLDIER: Come on you Scotch savages – we're ready for you.

There is a faint echo – nothing more.

2ND SOLDIER: *(one of those who were asleep)* Another bloody false alarm – first thing in the night. Three last night.

He turns away from his post and slumps himself down again.

We're damn well finished, we are.

3RD SOLDIER: I'm sorry lads – I was sure I saw someone. Will saw it too. Didn't you, Will?

1ST SOLDIER: Aw shut up – you're a pair of bloody fools. Of course you saw someone. But they aint going to attack us.

They're driving us mad. Oh God – how my belly aches. I wish by all the Saints I had something to eat.

He again becomes hysterical.

We're a fine lot aren't we – sent out a week ago as a forage party – and haven't found a bit of food for ourselves.

4TH SOLDIER: Stow it – and cheer up. The King must have sent other parties out by now, and some of them are bound to find us.

2ND SOLDIER: Wot use is all the King's bleeding army if the Scots won't fight. Two years now this Carrick devil has lorded it beyond Forth. Then we hear as how he's down here – up we come with the biggest army the King can muster – go all the way to Renfrew – and don't meet a blinking Scot – and everything burnt and poisoned in front of us. So we move back to Lothian – and as soon as we turn they're down on us – convoys cut off – foraging parties – like ourselves – never returning – the great big bloody army eating its own horses.

1ST SOLDIER: (*starts singing hysterically the song of Act Two, Scene One*)

Now we've got the Scots down, Scots down, Scots down,

They were finished when,

They met the Englishmen

God's Englishmen

Have done –

The rest give shouts of protest – two rush at him and start shaking him by the time he has got to the word 'met'. Unable to stop him, one eventually knocks him down. He is scrambling to get up – drawing his dagger.

2ND SOLDIER: (*interposing himself*) Cut it out. You damn fool – haven't you heard that Douglas sings that song *at* every convoy he attacks.

1ST SOLDIER: (*sheathing his dagger*) Rubbish – tales of the women.

3RD SOLDIER: It's the God's truth. Peter Taylor was the only one that got back from a convoy Douglas raided last year.

He told me they heard the tune – whistled – in the gully above them – and the next minute the cry, a Douglas – a Douglas – and the devils jumped their wagons.

4TH SOLDIER: Now shut up – the lot of you. We're panicky about nothing. We're bound to be found by another party in a day or so – and we can stretch our horses flesh another three days.

5TH SOLDIER: I was wondering when you lot would begin to talk sense. We'll have them in the end. We still have all the castles – Perth, Dundee, Stirling. And they can never win a war without fighting. Some day they'll have to face us in pitched battle. Then, my lads, they're for it – and then too – my lads – we can pay them back for all this.

1ST SOLDIER: You're bloody well right. The old King had the right idea. Straight hanging's too good for the Scots. – Oh God, save us – listen.

All spring to alert listening – and from out in the wood the whistled tune is heard – fully through – the English soldiers prepare to fight – obviously ill at ease. Then from off stage comes the cry –

A Douglas!

Curtain

SCENE FIVE

The King's chambers. The KING, DOUGLAS, *and* RANDOLPH. *July 1313.*

KING: Well then – that's aa we can arrange i the noo. Thomas, you'll rejoin your men the morn, an tak them tae augment Sir Edward's siegin o Stirling. James, your fowk culd dae wi a rest – *(jokingly)* and some dacent drillin.

RANDOLPH: *(teasing Douglas)* Ye're richt there, my lord. Sic a bunch o rouch, ill-getted craturs I never saw.

DOUGLAS: *(continuing the good humoured chaff)* Ay – they're gey coorse. Hooever, it'll no be lang noo till they can aa settle doon tae the craps an the weavin – and the daffin an faimily raisin – an when they're at that they can look back an say – Thanks be tae God for yon noble chiel Randolph an aa his preety gentlemen teachin us mainners. Ay – they'll be richt thankfu. But seriously *(to the King)* I aye hae keepit them weel drilled.

RANDOLPH: I'll tak ye on James – twenty o yours tae twenty o mine. Pick wha ye like.

KING: *(rather more thoughtfully)* Sic like ploys can wait a better time. An mebbe by then I'll ken which o ye tae wager on. But wha would hae thocht sax year ago we wad ever be able tae be sae canty.

DOUGLAS: *(getting his own back on Randolph)* Naebody that kent my freend Thomas was wi us onywey.

    RANDOLPH *good humouredly gives* DOUGLAS *a blow which is parried.*

RANDOLPH: Pardon, my lord, thae tries at beein facetious – he's a wee bit unstrung an canna settle for lang tae a serious talk.

DOUGLAS: *(changing his mood now)* I'm sorry – Ay wha indeed? But it's been done – we hae nearly aa Scotland freed – exceptin twa three castles – an mebbe your brither Edward will hae the strongest o them – Stirling – soon.

KING: An aa because we hit on a wey o beatin their numbers by oor guile.

RANDOLPH: Ye're ower modest tae say 'hit on'. Ye thocht it oot. An wi it we hae set back twa invasions i three years.

KING: It has its fauts. It's sair on the countra an on the fowk – an we can never store eneuch afore we burn. But it's made them think o truces – an if we can keep it up we'll mebbe get a real peace yet – an see Scotland again as it was in oor faither's time.

DOUGLAS: They maun hae been grand times.

KING: Ay – I was jist ower young tae mind them clear – an my faither had me ower muckle in England – but I'll ne'er forget the auld Scots sangs that the bards used tae sing i Lochmaben.

RANDOLPH: I've got ane or twa guid bards amang my lads.

SIR EDWARD BRUCE *enters hurriedly. He has been riding hard – but is in high spirits, delighted with his news.*

KING: Ned – laddie – whit brings ye here wi sic a hurry?

DOUGLAS: Hae ye taen Stirling?

EDWARD: O great news, brither – great news. I hae got free tae join ye i mair usefu wark. Listen – I got Mowbry, the governor o the castle, tae agree tae surrender.

RANDOLPH: *(interrups)* Grand, man.

KING: *(suspiciously)* Tae surrender – no on a term, I hope.

EDWARD: *(still full of himself)* Och aye – but it's aa richt. He's tae surrender it sure if he's no relieved.

RANDOLPH and DOUGLAS: *(together)* What on earth? When, man?

KING: *(He has turned away – now whirls round furiously on* EDWARD*)* Silence. Thomas an James – lat me deal wi this. Ned – what were ye thinkin aboot? What date hae ye agreed?

EDWARD: *(not in the least awed – openly, and frankly standing by his own judgment)* Midsummer Day next year.

KING: What! – a hale year?

He grabs EDWARD *and shakes him violently as he speaks.*

Can ye no see whit ye've done? Thrown a direct challenge tae the English – an gien them a hale year tae meet it. D'ye think I'm fechtin a tournament?

He lets go, turns away, but angrily continues.

God i heaven hae ye nae mind o aa that depends on us – oor ain brithers tae be avenged – the Queen – ay my wife – still a prisoner aa thae lang years – and hunders o ithers. Five years noo we hae slowly but shairly been winnin – makin for a peace that'll clear aa that – an you're gaun tae throw it aa awa for a fancy challenge. Ned – I culd kill ye.

EDWARD: *(unabashed)* Ye can say whit ye like Rob, but I stand by it. This is no cheengin ye're plans at aa. I can be mair

52

use tae ye alang wi Randolph an Douglas here tae cairry on as ye've been daein – instead o beein stuck i front o Stirling aa this time.

KING: I taen Perth castle efter sax weeks.

RANDOLPH: An I taen Edinburgh.

DOUGLAS: An I taen Roxburgh.

EDWARD: *(still confident)* An I taen Dundee. But nane o ye wad hae taen Stirling. Na, Thomas, ye needna look like that. Ya wadna – an that's aa about it. Na – King Edward needna get the chance tae relieve it. If we keep on the wey ye've been daein we can force them tae turn a the truces intae a peace treaty lang afore next midsummer.

KING: Blethers, Ned – absolute blethers. Ye've gien them a year – a hale yaer tae mak ready the greatest airmy ever. They ken oor tactics noo – an ye hae gien them a year tae collect stores. D'ye think they'll be content wi relievin Stirlan? If we dodge them as we've been daein, they'll gae on an garrison aa the ither places again – thank God I had the sense tae destroy the castles. But tae hae garrisons a ower again. Na – ye've done it – ye maun aither brak your agreement wi Mowbry or we'll hae tae meet them – in a pitched battle.

While the other three talk now the KING *is thoughtfully silent.*

EDWARD: *(his confidence now gone, but he shows nothing weak)* Weel then – we can raid intae England – stop them fae collectin the stores.

RANDOLPH: That's true eneuch.

DOUGLAS: We'd hae a real guid chance that wey.

EDWARD: Harry aa roads tae their muster points – the wey ye did the convoys i Scotland. It culd be done.

RANDOLPH: It's no sae easy. We were in oor ain land, amang oor ain fowk. They micht turn oor tricks agin us.

DOUGLAS: Nae likely – their lords dinna sowder weel eneuch wi their commoners.

KING: *(slowly and thoughtfully)* But na – we'll nae dae that.

There comes tae mind
Anither seemin error that turned oot
The best that culd be dune. A year tae them
Is still a year tae us. An mair nor that
We ken their destination maist exact.
An we culd choose the grund tae meet them on.
I wonder – culd I dae it. Queer it was
At Loudon Hill an Pass o Brander baith
That feelin o a sudden gift inside me
That I culd plan a battle. Stirling Castle,
The park, the Forth – the Craig – the Bannock Burn
Or ower by Falkirk tae avenge Sir William?
Eneuch – we stop aa ither plans – an Ned
Forgie my anger. Noo we maun recruit
Fae aa o Scotland. Muster i the spring
At Falkirk i the Torwood, there tae drill
An train as hard's we can. Nae raids frae noo
We mauna risk tae lose a single man.
Ned's challenge will set England aa astir
Tae rally sic a force as ne'er before
An culd that force be beat – ay – culd it be
Twad be disaster for them finally.

Curtain

ACT THREE

SCENE ONE

*The field of Bannockburn – morning of 24th June, 1314.
A portion of the Scottish army – all spearmen. They are
still at ease – tipping and sharpening spears – an officer
with sword going among the men – checking the
weapons' fitness.*

1ST SOLDIER: *(Donald)* This thing's nae damn use – the shaft's
as crooked as a heather root.

2ND SOLDIER: *(Highland voice)* Och, Donald man, it'll be suitin
yoursel fine noo. Jist you use it caury-fisted an ye'll be aa
richt.

DONALD: *(He is jovially grumbling – not at all gloomy)* Caury-
fisted? – ay, this is a caury-fisted day onywey.

3RD SOLDIER: Foo's that noo man? Think ye we suldna be
fechtin?

DONALD: Na. We'll get coupit like we did at Falkirk.

3RD SOLDIER: Awa man – ye dinna ken what ye're speakin
aboot.

DONALD: I ken there's mair than a hunder thoosand o them –
an only thirty thoosand o us. Ilka ane o us has three men tae
fecht.

OFFICER: Donald, ye auld blether, if I didna ken ye better I'd
think ye were awfy feart. Whit a lot o havers ye're giein us.
Three men tae ilka ane o us – but look whaur we're gaun
tae meet them. Look at the wey the King hae sorted us oot
tae grip them.

DONALD: Och, Erchie – of coorse I'm feart – I hae been feart
for twenty years. But I've aye focht – jist like yoursel. This
sortin oot's aa very weel – but thae English sodgers haena
been tell't whaur they're supposed tae come!

3RD SOLDIER: Och – never mind him Erchie. He's jist grumpin
because his haft's a bit twisted.

OFFICER: It'll be mair twisted afore the day's oot, I'se warrant. Noo see here the lot o ye. Ye saw whit befell yesterday. The King on a wee powny – dingin yon great muckle de Bohun's heed aff wi ae dunt – my it was bonny the wey he swung roond. An Randolph's men – on their feet – wi spears – chargin Clifford's cavalry – an haudin at them – till they broke them – that's aa we hae tae dae – jist the same – only mair o's.

DONALD: Ay – an mair o them.

OFFICER: Mercy, man, ye're as thick's a door post. Yesterday wis a kin o rehearsal on a sma scale. There's a thing caa'd proportion – ye ken naethin aboot it.

DONALD: Aye dae I. I ken fine aboot proportion. Three tae ane's a proportion is't no?

SEVERAL SOLDIERS: Ach haud yer tongue Donald, ye haverin auld deil.

DONALD *walks forward grinning at the officer.*

DONALD: Weel-aweel lads. I'm glad we're aa i sic fine fettle. But I'll bet ye I'll hae my three deid afore ony o ye. Erchie – tell the King the battle can beguin. I'm ready noo.

General laughter – subsiding as more serious preparations of setting of weapons is continued, in silence for a little. A distant trumpeting is heard. They look outwards over to where it can be understood the English army can now be visible to them.

2ND SOLDIER: There they are – look – ye can see them noo.

3RD SOLDIER: Here's the King – comin alang us. He's sent Douglas an Randolph an his brither Edward tae their posts. It'll no be lang noo.

DONALD: Look at them – look at their pennants an banners wavin. See the michty forest o them. O mother i heaven gie me aa the strength I'll need.

2ND SOLDIER: The noise o their horses i the wind is like a faurawa thunnerstorm.

3RD SOLDIER: An the sun slides aff their armour like the lichtenin.

4TH SOLDIER: An it wad be ane o them that burnt my twa brithers.

5TH SOLDIER: It wad be ane o them that killed my mither and my faither.

DONALD: See the power o greed, swalled up i pride.

2ND SOLDIER: See the yoke they'd tichten on oor necks.

3RD SOLDIER: See their pomp an graun imperial glory.

A sudden close trumpet. The men form. The KING *enters armed with a sword, on foot. Two* KNIGHTS *similarly armed are with him.*

KING: Noo men, gie me attention noo a meenit. There's nae muckle time for speakin – an I harangued ye lang eneuch yestreen. I spak o haudin tae yer place an hoo aa depends on that – hoo ye mauna brak the dispositions we hae practised. Thae laist three month ye've wrocht fu hard, sweatin an strainin, an aye on the go. I haena gien ye muckle rest – I ken – but it's aa been for this ae day. We're tryin a terrible – an glorious – thing. Believe me nane kens better than mysel what I'm askin ye tae dae. The heavy–airmit men an iron–wrappit horse hae lang been the hert o an airmy's micht. Blawin up wi greed an pride they hae become the very symbol o oppressive pooer – an yonder i the English lines ye can see them at their heichest. God hae mercy on us – for we are gaun forrit agin them – on fute agin their horse – little armour but spear, or aixe or sword. It's never been dune afore – but as ye hae wrocht, I hae wrocht – an I think I hae made siccar that it will be dune the day – *(growling cheers of assent from the* MEN *which the* KING *causes to subside by continuing with a shout)* – *if* – ye haud at them – haud at them – an never back an inch. An when the airrows o their archers come lichtenin on ye – dinna flinch – thinkin o Falkirk. There your schiltroms stude open tae the hail that struck them doon – stude steady an bravely waitin the chairge o horse – but stood defenceless ower lang. That will no happen the day. We haena muckle horse – but what we hae, under guid

Sir Robert Keith – I'm haudin back – tae attack the English airchers as soon as they stairt harassin ye. An at Falkirk ye waited for their cavalry. We're no waitin the day. Our schiltroms maun gae forrit – an maun keep unbroken. Then their horse will come at us – ye maun tak the shock o their weicht – an keep aye that pressin forrit.

See them yonder – oppressors an tyrants ilka ane o them. What dae they hae here? Hames tae defend – Na! Wife an bairns tae care for – Na! Hae they ony memories o their forefaithers amang thae hills an glens – ony crofts or fields? – Na! No a thing. Aa that belangs tae them is hunders o miles awa. Naething but greed an lust for pooer brings them here. Yet they're but men. Somewey i the crook o the thochts o ilka ane o them there's a mindin o their ain country, their hame. Tae that they can retreat – an be safe. They can afford tae be beatin. Cin we but dunt them sair eneuch they'll brak an flee tae whaur they ken they'll be safe. But for us – whaur is there safety? Whaur can we retreat tae if we suld fail? Tae the hills, tae begin again aa the hidin an weary warslin o the laist ten or twenty, no, thirty years. This is oor hame, this Scotland, this oor kingdom, oor hearth, oor bairn an wife, oor law an custom. Here on this field is aa that we possess – lockit deep i the hert o ilka ane o's. They can afford tae lose – we canna. For us there's nae safety – baur we win. Determine noo that raither than slip back that temptin inch that micht seem tae gie safety i the heat o battle we'll raither step anither inch forrit tae siccar daith – for that will gie – victory – an freedom, tae them that live on – tae the auld, an tae wives an bairns, tae oor everlaistin Scotland. The inch step back micht save oursels for the meenit – but if we lose this day – its daith an torture nae only for aa o oorsels – but for ilka ane o oor fowk unless they gie in tae become the slaves, the beasts o burden, the baubles o the English – an Scotland wad be forgotten – an auld tale o the past – jist a bit o England's dominions – a province – a shire. Wull ye lat

that be? Was it for that, that lang, lang ago yer faithers
stoppt imperial Rome? Think on it! Through aa lang history
this pairt o the world hae never been ocht else but free.
This day we hae the chance tae keep that honour savit clear.

    This is oor glory
That Scotland is oor Kingdom, that her laws
Alane dae we acknowledge – that this day
We live i freedom – an this nicht
Gin we be deid, we keepit liberty
Richt tae the end.

English trumpets sound very near. Two FRIARS *enter,
bow to the* KING, *who acknowledges them, then continues.*

They soond their trumpets noo
An say the hoor is come. Noo then wi me
Seek God's great blessin on oor richt an cause
An Jesus mercy on oor sins – then tak the field.

He crosses himself, kneels, and all the SOLDIERS *follow
him. The* FRIARS *begin the prayer – which is then said by
all – the* KING*'s voice being clearly heard.*

Oor Faither, whilk dwalls i heaven
Thy name be aye kept holy.
An may thy Kingdom come, thy will be dune
On airth even as it is i heaven above.
Gie us this day oor daily breid
An forgie us oor sins – even as we forgie
Them that hae sinned against us.
Dinna lead us tae temptation
But deliver us o Lord fae evil
For thine is the Kingdom, the pooer an the glory
For ever an aye – Amen.

*They rise to their feet – the King's standard is unfurled –
and he calls…* An noo – soond the advance!

Scots trumpets sound – close and piercing. The MEN *on
the stage should form into the semblance of a schiltron
[square] with spears massed to point forward and up.*

Curtain

SCENE TWO

The Court of the King of Scots – February 1320. On the stage as the curtain rises are SIR WALTER *the Steward,* RANDOLPH, DOUGLAS, SIR ROBERT KEITH *the Marshall,* GILBERT HAY *the Constable.*

DOUGLAS: This was a quick summons. Dae ony ye ken whit it's aboot?

KEITH: I've nae idea. It canna be the draft for the April parliament – for aathing's fairly weel on for that.

HAY: He maun hae settled on invadin England this summer.

RANDOLPH: Na. I'm shair it's no that. He's got something on his mind – it's been worryin at him for a while noo.

STEWARD: Randolph's richt. He's been maist terrible unsettled this while back. Ever sin Sir Edward was killed faichtin i Ireland. What a thocht it maun be tae him. Five brithers they were, ilka ane leal tae the ither, and him the only ane left, an the English the daith o them aa.

RANDOLPH: I ken this muckle. Lamberton an auld Bishop Wishart are wi him the noo.

KEITH: Wishart! Is he fit tae gang aboot?

RANDOLPH: Ay – he's a wonderful auld man. Body broken and blinded – he keeps on the go.

HAY: I haena seen him nor Lamberton sin they got back wi the Queen i the cheenge o prisoners efter Bannockburn. He wis peetifu tae see then.

STEWARD: Ay – he's peyed gey dear for giein the King absolution.

DOUGLAS: I dinna see whit can be worryin the King. Aathing's gaun fine. We've got aa Scotland back again except Berwick. It's near sax year sin Bannockburn, an we've lickit them ilka time they've tried again. An noo we're near able tae gie them a taste o their ain medicine. That's whit they're needin.

RANDOLPH: Na, James. There's mair than that needed.

DOUGLAS: Whit mair? For sax year noo we've won ilka

skirmish wi them – hae gaun in an oot o England jist as we
pleased an kept them makin truces.

STEWARD: That's nae use. We're no really gettin on at aa. They
brak ilka truce they mak – jist use it tae cover musters for
anither airmy.

HAY: They jist wilna admit oor independence.

DOUGLAS: Beat them hard eneuch an they'll admit it. Then it'll
be aa by.

STEWARD: Here's the King noo.

The KING *enters with* LAMBERTON, *also markedly aged,
leading between them* WISHART, *who is now bent and
eyeless. They lead him to a chair and Lamberton sits
beside him.*

KING: Gentlemen – ye'll be gled tae meet their Lordships aince
mair.

One by one the NOBLES *go forward and bow before*
WISHART *who, guided by* LAMBERTON, *raises his hand in
blessing on each, as the King gives their names.*

KING: (*sternly and beating the table emphatically when he
speaks of failure*) An noo this hurried summons needs
excuse.

An explanation. Some o ye may ken
I hae been sair disturbed thae puckle weeks
An ilka ane o ye maun shairly feel
The same as I. Sae lang we hae campaigned
The tane's thochts tae the tithers arena strange.
I summoned ye the day an made this tryst
Wi oor maist loyal Bishops tae discuss
The failure o oor cause. Aye, failed indeed
For aa oor victories i war. Sax year
Sin Bannockburn. My hope was than
Culd we but dunt them sair eneuch they'd mak
A final peace acknowledgein oor richt.
Instead, altho we won – an haena lost
A skirmish since, they still insist their claim
Tae be oor Overlord – will not admit

Oor independent state – Until that's dune
For aa the warld tae see, we live i failure
Hooever muckle battles may succeed.

DOUGLAS: My Lord – ye ken my mind on this. We need
But gie them aince as lourd as they gied us.

KING: Then only micht wad win – no richt. The English King
Has published aa his claims atoor the warld.
The Pope has excommunicated us
An taks his orders fae King Edward noo.

LAMBERTON: An sae ye micht expect. He hauds his lands
Fae Edward's fiefs.

RANDOLPH: Hae we won battles jist
Tae be outwitted by diplomacy?

HAY: That canna be.

STEWARD: An mauna be indeed.
We maun mak some engagement tae that challenge.

KING: Exactly, guid Sir Walter. That's oor mind
An purpose. I hae speired at oor Lord Bishops
Tae guide us i this maitter. My Lord Glasgow
Wull ye gie us yer thochts?

WISHART: (*after a pause*) I prison lang
I had a routh o time tae think. I heard
Aa England's thochts aroond me aa the time.
I ken ower weel jist whit we're up against.
An tae be frank, it gars me fear gey sair.
It's like as if a deil possessed their souls
An evil blins them utterly. The Saracens
Beset aa Christendom the noo. An yet
I think as muckle danger threatens her
Fae England's huge ambitions. Mair severe
Because it strikes the very soul o Christendom.
There ne'er was like sin Christ oor Lord was born.
For England seeks tae be anither Rome
Anither Empire raxin oot its claws
Wi like hypocrisy they'd claim tae mak
An English peace rin clear ower aa the world.

A peace that wad be like a Roman peace
First bluidy cruelty – then the desert stoor.
An, as wi Rome, their neebour lands maun be
Their maist immediate prey. Thus Wales,
Thus aa their hate tae us wha haud them back.
HAY: (*interrupts*) Permit me Sir – an guid Lord Bishop, bear
Wi my impatience. But I think we aa
See clearly as yersel this muckle threat
But whit tae dae aboot it!
KING: Gibbie, wait!
The Bishop's taen the middle o the stream.
Tae show the fu sweep o the michty current
That we maun sweem against. We hae considered
What action we suld take – an we suggest
That their diplomacy wad best be met
By some richt siccar statement o oor cause.
Mak clear jist why we've focht, an why we will
Fecht on for ever gin need be. Put that
Intae some document –
RANDOLPH: (*interrupts*) But sic a document
Already has been dune. Fower years afore
Oor victory at Bannockburn – the tide
Was runnin still against us – thirteen – ten
It was, the Kirk assembled wrote an tellt
His Holiness they never wad gie ower.
KING: The dignity an honour o their letter
Gied fresh encouragement tae us when hope
Was low eneuch indeed. That gies a stert
Tae what we want the noo – an open statement
Made by the clerical estate. The ither twa
The nobles an the commons culd noo scryve
A letter similar – an that micht serve,
Micht be the very document we want.
LAMBERTON: Indeed it wad. It's richt appropriate
That sic a statement suld gae tae the Pope.
For Rome, faain heir tae sic imperial pride

Tries noo tae sway the Kirk imperiously
An sae supports ambitious England's plans
Wi York an Canterbury ettlin aye tae snap
Their shackles on tae us. We maun ensure
The richt o conscience i the Kirk tae send
An answer fae the excommunicates.
For God will judge (*he pauses thoughtfully, then*
continues).

The April parliament
Meets at Arbroath. Gin we culd get a draft
Aa ready for that date, the twa Estates
Culd formally approve its text an sign it.
KING: Its text maun hae great care – for tae set doon
Oor deepest feelins ontae parchment phrases
Wull no be easy. What is oor cause?
Only through years o struggle hae there come
Tae us some sense o what we mean. Nae word
I ken can suit this feelin in us aa
O common culture, hame an couthiness.
Tae that an aa we ken it means sae dear
This raxin o an empire greed is daith.
Oor – declaration – caa it what ye like
Maun mak that clear, maun set i livin words
The very spreit of freedom.
RANDOLPH: (*quizzically – an urbane questioning, not in the*
least a gruff demand) Freedom – Sir
For whom – or what – what is't that's tae be free?
Is man tae scoff at Lord – an Lord at King?
Ye set some problems for this document.
KING: Ay Thomas – ye hae aye been shairp tae see
The enemy's emplacements, strength an lie
O land. But shairp aye tae gae through them.
What's yer mind?
RANDOLPH: (*now earnestly, thoughtfully*) Like you I dinna ken
Ae single word tae gaither aa we mean,
This thing we are, or mak, the hale o us,

The three Estates, the ghillies, aye, an fowk,
This nation Scotland – It's no jist a Kingdom.
We felt it jist the same although we were
For twenty years withoot a King tae rule.
An mair than that, this that we are, disowned
John Baliol wha had claimed tae be oor King.
We micht hae – *(he pauses and looks steadily but questioningly at the King).*

KING: *(earnest enough to the subject matter, but with a suggestion of teasing his friend)* Thomas – noo ye maun gae on.
Was Baliol thrown oot for his weaker claim
Or for his weaker person? C'mon noo, man.

RANDOLPH: This maitter's at the root o what we mean
Jist as we hae scorned excommunication
Oor three Estates hae aa disowned John Baliol
Because he culdna, or else wuldna keep
Their single freedom i his hert.

KING: An if
His claim had been the better o the twa
Wad ye hae dune the same?

LAMBERTON: It follows straucht.
Ye maun see that yersel.

KING: An if I noo
Declared we suld gae under England's Kings
What then – wad ye disown me tae?
No-one answers immediately.

KING: Sir Thomas?

RANDOLPH: . . . Ay, my Lord.

KING: My Lord Bishops?

LAMBERTON: . . . Maist certainly.

WISHART: . . . I gied ye absolution
Believin i the richtness o your hert
But chairged ye then tae win oor freedom.

KING: Sir Walter – my widower son-in-law?

STEWARD: . . . I wad disown ye.

KING: My Lord Constable? My Lord Marshall?

HAY and KEITH *do not speak – simply nod their heads to indicate they agree with the others. The* KING *looks around them all then finally turns to* DOUGLAS.

KING: An you, Sir James – that were a landless laddie
When first ye joined wi me – whit wad ye dae?

DOUGLAS: *(fiercely and passionately)* What else culd freedom
mean. I wad disown
Ye that were freend an leader, Lord an King
I'd mak a vow tae be the first tae howk
A dagger i yer hert.

KING: *(shouts)* Sir James, that's treason! *(then smiles and looks straight at* DOUGLAS *first, and then looks round at the others as he speaks)* An wad be weel deservit. Muckle waur
The treason o the King that wad gie ower
Tae ither lands his ain richts an his fowks'.
Moray an Wallace focht for Baliol's richts
As Scotland's, whan King John himsel gied in.
An fowreteen year syne, efter Comyn clyped
The Bishops plan tae England I mysel
Took dagger tae him jist as Douglas says
That he wad dae tae me. I've speirit at ye
An ilka ane o ye has shown richt clear
Ye wad disown me. We've had routh o thocht
Thae years. An we hae traivelt hard
An chairtit weel oor course. Twa principles
We hae established. The first is tae the Kirk,
That e'en his Holiness the Pope maun gie accoont
O judgments an o actions. Reverence tae him
Suld no suspend the conscience i the hert
That guides through guid an evil. Secondly
What's true for Kirk hauds fest for State. A King
Wha by his birth has claim tae rule a nation
Maun e'en acknowledge that the self-same birth,
Is symbol o the nation's claim on him.
The claim that he maun succour an defend

In ilka wey their life an liberty
Whulk if he canna dae, or wullna dae
The nation can disown him and appoint
A ruler fit tae match its mind an hert.
Thae principles condense fae aa oor wars,
Fae forty years o fechtin, like twa rivers
Flowin fae source i mist an thunner clouds,
The sun sheens aff them – i their depth can sail
The commerce o the warld – an on their banks
Braw cities can be built o stane. This document
O oors maun set them doon withoot mistak
Thae truths that we hae come tae understand
Only wi heavy sacrifice. Thae truths it is
That England threatens wi her greed for size.
I see the Bishop's vision noo, an share
His fear o what it means tae us. They'll try
Tae crush oot ocht that's different fae themsels.
The warld suld sheen i colours bricht an braw
A rich, prood, tartan. They wad hae it aa
Ae single greyness spattered ower wi bluid.
An this is no a thing that soon wull pass
An then lave us i peace. They wull keep on.
An though we may succeed against her noo
The same mad greed micht spring in ither states.
A vision terrible it is – an yet I doot
Gey likely tae be true, unless oor deeds
An words gie fiery warnin tae the warld.
WISHART: That warnin will be needed sair. I tell ye.
England will never rest – she'll twist an turn
Gin war suld fail she'll seek some ither wey.
KING: Nae ither wey can ever hae success
Gin aince oor independence is acknowledged
What we hae dune i Scotland i thae years
Gin we can clearly state oor mind an richt
Can be a trumpet blast tae soond doon centuries
Stirrin tae ither lands, an tae oor ain

A pride an an example ever mair.

Curtain

SCENE THREE

The King's bedchamber at Cardross. June 1329. The KING *is in bed – mortally ill. As the curtain rises he is asleep. With him, seated near his bedside, is* DOUGLAS, *and standing close by is* RANDOLPH. *They have been watching with him all night – now it is the early dawn of a June morning. After the curtain has been raised for a minute – a serving* WOMAN *to the King's household comes in.*

SERVANT: *(to Randolph)* My Lord – wull I tak the candles awa noo?

RANDOLPH: Ay, lassie, tak them awa.

She snuffs the candles reverently, and as she is about to go out with them RANDOLPH *speaks to her again.*

Lass – are the friars at hand oot there?

SERVANT: Ay, my lord – *(she sobs)* – they hae been waitin there aa nicht. Och – forgie me – is he no tae get better?

RANDOLPH *shakes his head. The* SERVANT *goes out sobbing. The* KING *moves restlessly.* RANDOLPH *goes over to him.*

RANDOLPH: My lord.

There is no answer. RANDOLPH *comes away again. Then speaks, watching the King carefully.*

He's still asleep – an he's like as if he was breathin mair easy noo.

All this time DOUGLAS *has been staring fixedly in front of him – twisting his hands. Now he rises and speaks.*

DOUGLAS: This is something I canna thole at aa – tae watch daith come as slow as this. An only the twa o us tae be wi him noo. I canna speak tae him when he's waukin. I canna think what tae say. The Bishops wha culd richt be company

tae him i this hoor – baith gaen afore him – an aa I can dae
is sit an watch – jist nae use at aa.

RANDOLPH: James – dinna vex yersel sae sair. We maun tak
example fae himsel, as we aye hae dune. Think hoo he spak
laist nicht, wi lauchter i his een, an pride i his voice. He's
wroucht his body dune – but listenin tae his clear word an
thocht, we culd be back thegither i the heather, hearin his
plans an ploys – or afore Bannockburn, fifteen years ago,
hearin the ring o commands abune the stoor. His mind and
soul can lead us yet – tae face this laist battle wi him.

DOUGLAS: But this he fechts alane – an canna win.

RANDOLPH: Are we tae be sae shair he canna win.
Has he no won aaready? Body's daith
Maun come tae ilka man an ilka King.
But never man nor king afore has dee'd
Like him – victorious i ilka task.
Nae thing he set himsel remains undune.
The name o Scotland rings ower Christendom.
Wi trust an honour, free for ever mair.

DOUGLAS: That I can see an feel. An yet my hert
Lies ticht an sair within my briest, an hates
This wey he dees, sae slowly, i sic pain.
Tae dee i battle wad hae been mair like
An yet – o whaur had we been then. My thochts
Are gaen mixter-maxter.

RANDOLPH: Wheesht man, noo
The very mainner o this endin shows
The natur o achievement. See oot yonder,
There rides at anchor braw the ship he built
For racin on the Clyde. Aroond this hoose
Ye see oor men an women i the fields.
Ye ken that that's gaun on ower aa the land
An that's what we hae dune, that that culd be
Was aa oor agony endured, richt fae the stert
Even efter Bannockburn, for fourteen years
Still warslin, burnin, drainin bluid fae wounds

Yet keepin fest oor vision fae Arbroath
Until ae year ago the English signed
The Treaty at Northampton, whilk admits
Oor freedom siccarly. There is oor victory
That ane wha aince was hunted ower the hills
Wi snairlin hounds a lowsed tae seek him oot
Lies noo i midst o peaceful industry
An can tae his laist hoor sleep saft awa.

The KING *stirs again.* DOUGLAS *goes over to him.*

DOUGLAS: He's waukin noo. My lord, de ye want ocht?

KING: *(He speaks with difficulty, but forcefully).* Aye – my guid
James – I'm waukin – an hae heard
Thae puckle meenutes. Thomas, ye hae lat
Yer hert run wi yer tongue. But onywey
Ye never flattered tae my face.
My freends,
Ye'll hae the court awaitin?

RANDOLPH: Ay, my lord,
We thocht it wise.

KING: Then caa them in the noo
An – Thomas – the friars suld be here tae –
I'll want the Mass. *(*RANDOLPH *goes out).*

KING: *(continuing)* Och, Jamie, it's nae true,
Ae thing I hinna dune I vowed to dae.
Och that that micht hae been, my cup indeed
Wad hae been fu.

He is silent again, exhausted with speaking. DOUGLAS
sits down beside him again.

DOUGLAS: Gin I culd dae it, sir,
I'd tak yer vow on for ye. Hae ye strength
Tae tell me what it is.

The KING *takes* DOUGLAS*' hand – nods assent – then
says:*

KING: Ay, man I'll tell
Afore the court.

The others return. STEWARD *and* RANDOLPH *with several*

other unknown LORDS, *but including* KEITH *and* HAY.

RANDOLPH: The court is wi ye noo, sir.

KING: *(He tries to raise himself, and is assisted by some of the nobles to a position resting on one elbow, and propped up by pillows.)*

I canna see aa gey clear. Come close.

Aa listen noo. Heed tae my words richt smairt *(with a touch of humour through pain, and not at all self-pityingly, he adds)*: For I'll no be repeatin them.

When I was young
I got the name o beein dour. A thrawn young deil
They caa'd me i Lochmaben. I hae mind
Tae keep that up i deein. I'll jouk daith.
(moves from humour now to passion) I'll jouk him yet, the
soor auld enemy.

Douglas, come here – an listen noo, my lords.
We were tae fecht the Moors – my hert was set.
On gaein against the enemies o Christ
As sune as we culd see oor land set free.
Forbye we promised at Arbroath we'd gae,
I'd made a private vow, my hert was set
On gaein – an it sall gae. Dae ye hear?
When I am deid ye'll tak this cauld clay corpse
An fae it ye sall resurrect my hert.
Ay – cut it oot – an Douglas – this your chairge
For love o me tae tak my vow an lead
Against the Saracens – this hert gaun wi ye
As it was fain tae dae. Ye will present
It in the Sepulchre whaur He aince lay.

He drops his arm exhausted and fights for more breath.

DOUGLAS: I'll dae as ye hae chairged me sir, though sair
Unfit tae cairry sic a noble treasure
An mak your chivalry kent ower the warld.

KING: *(urgently now)* That's that – I hae won tae it – God be thankt.
My lords – Sir Thomas Randolph is your Regent

Until my son Prince David comes of age.

Ye aa hae sworn yer lealty tae them

An sealed i Parliament. Gie me aince mair

The hearin o your word.

The NOBLES *murmur assent – the* KING *listens, looks round them – then lies back.*

RANDOLPH: My lord, as Regent for your son I'll act

Aye wi a mindin o his faither.

KING: Thomas

Are the monks there? James – I want the Mass noo.

I can gang i peace.

DOUGLAS: My dear lord King –

KING: James Douglas,

A young lad standin ower at the corner yon day at Scone –

James – ye hae been son an brither.

Thomas – aince mair

afore the Nunc Dimittis. I heard ye speak o Northampton.

Read me again what England signed – what a the warld

kens noo. Eight year it took us after Arbroath – but we –

yon day – we showed up just what they were. Let me hear

it again. I'm like tae Moses wha dee'd wi the promised land

i sicht. Only the Saviour has blessed me mair – I dee i the

hert o it.

RANDOLPH: I hae the words o't i my mind

Sae muckle dae they mean tae us

An proodly will repeat it

As RANDOLPH *speaks the following words, the* KING *listens attentively – but restfully, slowly relaxing more and more until towards the end he is lying back at rest, breathing gently.* DOUGLAS *sits beside him throughout and all eyes are on him. Near the end of Randolph's words all the* NOBLES *except Douglas and Randolph kneel [one knee]. The* MONKS *remain standing.*

RANDOLPH: *(continuing)* We will and grant by these presents, for us, our heirs and successors whatsoever, by the common counsel, and consent of the prelates and nobles, earls, barons, and commons of our realm in our Parliament of

England. That the Kingdom of Scotland, divided in all things from the Kingdom of England, shall remain forever entire, free, and at peace, without any sort of subjection, servitude, claim or demand whatsoever. And therefore all obligations on the subjection of that same Kingdom of Scotland we renounce wholly and completely for ourselves and for our heirs and our successors. *(Randolph now kneels also)*

KING: *(very softly, lying straight back restfully)* – forever entire, free and at peace.

He suddenly forces himself up on one elbow again, and speaks fervently:

KING: Thomas – ye'll hae tae watch them!

He falls back again, and crosses his arms over his breast. DOUGLAS *stands up, then kneels. The* FRIARS *make preparation for Mass. The singing of an anthem is begun – first softly. A blackbird is heard from outside, the anthem swells louder, the curtain falls.*

Curtain